平凡社新書
1068

# ブラジルが世界を動かす

南米の経済大国はいま

宮本英威
MIYAMOTO HIDETAKE



HEIBONSHA

# はじめに

ブラジルは大きな国だ。国土面積は日本の22倍以上あり、世界で5番目に位置する。南北を飛行機で移動しようとすれば5時間かかる。人口は2億1600万人と世界で7番目（世界銀行、2023年）の規模だ。国内総生産（GDP）は世界9位で、将来的にはさらに上位に食い込むとみられる。コーヒーや大豆を中心とする農産物、原油や鉄鉱石といった鉱物資源に恵まれ、航空機を組み立てる技術力もある。

日本との関係は深い。1895年（明治28年）にフランスのパリで修好通商航海条約を結んで外交関係を樹立した。130周年を迎える2025年は友好交流年にすることが決まっている。農業やインフラの分野では多くの国家プロジェクトを共に推進してきた。

戦前戦後に日本からブラジルには約26万人が移住した。外務省の24年4月の発表によると、ブラジルには推定270万人の日系人が暮らしている。日本国外で最多だ。海外の日系人は約500万人なので、ブラジルだけで世界の過半を占めている計算になる。ブラジルの全人口と比べても、1％強に相当する。

逆に日本にも、21万人超のブラジル人が住んでいる。国別で5番目に多い。愛知、静岡、三重、群馬といった県での工場就労が目立つ。サッカーのJリーグで多くの選手が活躍しているのはもちろん、野球、バレーボール、バスケットボールのプロチームにも所属先は広がっている。

このようにブラジルは世界の中でも大きな国で、日本との関係が深い。にもかかわらず、知られていないことは多いと感じる。2つ要因がある。ひとつは日本から遠いこと。地球の反対側に位置しており、乗り継ぎを含めれば飛行機で30時間かかる。日本企業の進出先としては、どうしても身近なアジアが優先される。もうひとつは日本語や英語で得られるブラジルの情報が決して多くはないことだ。公用語はポルトガル語で、他の南米の多くの国で使われているスペイン語とも異なる。ポルトガル語を学ぶことができる日本の大学はスペイン語よりも少ない。その結果、国際社会でのブラジルの存在感に比べて、日本では過小評価されていると感じることも多い。

ブラジルでは23年1月にルイス・イナシオ・ルラ・ダシルバが大統領に返り咲いた。03年から2期8年大統領を務めた経験があり、今回が通算3期目だ。貧しい家庭に生まれ、労働組合の指導者として頭角を現した、たたき上げのリーダーだ。汚職で有罪判決を受けて収監されていたこともあるが、世界でよく知られる国際社会の顔役のひとりである。
ルラが引っ張るブラジルは24年に20カ国・地域（Ｇ20）の議長国を務めている。25年には有力新興国の集まりであるＢＲＩＣＳの議長国となり、北部の都市ベレンでは第30回国連気候変動枠組み条約締結国会議（ＣＯＰ30）を開く予定だ。27年には南米初の女子サッカーワールドカップ（Ｗ杯）開催国になることも決まった。インドやインドネシアなどと並ぶ「グローバルサウス」の有力国として、新興・途上国をけん引して、国際社会で指導力を発揮しようとしている。世界を動かす経済大国であるブラジルがどのような国で、どのような人々が率いているのかを知ることは世界の行方を考える上でも非常に重要だろう。

本書はブラジルのいまを知るための入門書となることを意図している。政治、経済、外交、産業など幅広い分野を網羅して、最新のブラジルへの理解を深めるのに必要だと考える事柄を多く盛り込んだ。序章ではブラジルの基礎情報をまとめた。第1章は政治に焦点をあてている。22年大統領選、その結果発足したルラ政権の内政を中心に解説している。第2章は外交政策を取り上げ、ルラがどのような国際秩序を目指しているのかに迫った。第3章は熱帯雨林アマゾンを中心に、環境政策について解説した。第4章は農業や製造業を中心に産業構造、第5章は中央銀行決済システム「ＰＩＸ」に焦点をあててデジタルや金融について書いた。第6章は日本との関係に焦点をあてた。終章ではブラジルの可能性と課題という将来像に言及した。

各章の終わりにはそのテーマを象徴する「キーパーソン」を取り上げている。どのような背景をもつ人がブラジルを動かしているのかを知ってほしいと思ってこのような構成にした。いずれも私が新聞記者という仕事を通じ話したことがある人物だ。厳密に言うと、ルラとは記者会見や式典で接点があり、直接の会話はごく短時間にとどまる。私のブラジルでの任期中に繰り返しインタビューを申し込んだが、かなわなかった。それ以外の方々には事前に約束をして、椅子に座ってじっくり話を聞いた。その際の印象も盛り込んでいる。

私は日本経済新聞社のサンパウロ支局長を2度務めた。1度目は12年4月から5年間、2度目は21年10月から2年半だった。この任期中にブラジルの各地で取材した現場や人々、この間に執筆した記事が本書の土台となっている。ひとりでも多くの方に本書を手に取っていただき、日本とブラジルの関係が深まる一助になることを期待してやまない。

# ブラジルが世界を動かす●目次

・人名は敬称略とし、初出時および必要と判断した場合に限り肩書を記載した。
・本文中の写真は、出典が明記されているものを除き全て著者撮影。
・為替は1ドル＝145・89円、1レアル＝27・72円（2024年8月末時点のTTSレート）。

## ブラジルの基本情報

| | |
|---|---|
| 国名 | ブラジル連邦共和国 |
| 首都 | ブラジリア |
| 行政区分 | 26州と連邦直轄区のブラジリア |
| 国土面積 | 851万平方キロメートル（世界５位、日本の22.5倍） |
| 人口 | ２億1600万人（世界７位、2023年）<br>**人口ピーク：**2050年（２億3290万人） |
| 公用語 | ポルトガル語 |
| 宗教 | カトリック、プロテスタント |
| 政体 | 連邦共和制（大統領制） |
| 国家元首 | ルイス・イナシオ・ルラ・ダシルバ大統領<br>（2023年１月から。任期は４年） |
| 議会 | 二院制<br>（上院81議席〈任期８年〉、下院513議席〈任期４年〉） |
| 名目ＧＤＰ | ２.17兆ドル（2023年） |
| １人当たり名目GDP | 1万43ドル（2023年） |
| 失業率 | 8.3％（2023年） |
| 消費者物価上昇率 | 4.62％（2023年12月） |
| 政策金利 | 11.75％（2023年12月時点） |
| 輸出 | 3397億ドル（2023年）<br>**主要相手国・地域：**中国（31％）、EU（14％）、米国（11％）、アルゼンチン（５％）<br>**主要品目：**大豆、原油、鉄鉱石、砂糖 |
| 輸入 | 2408億ドル（2023年）<br>**主要相手国・地域：**中国（22％）、EU（19％）、米国（16％）<br>**主要品目：**石油製品、肥料 |
| 外貨準備 | 3550億ドル（2023年） |
| 自動車生産台数 | 232万台（2023年） |
| 日系人 | 270万人（2023年10月時点） |
| 日本からの進出企業 | 656社（2023年10月時点） |
| 軍事力 | 陸軍：21万4000人、海軍：８万5000人、空軍：６万7500人<br>予算：235億ドル（2023年） |

出所：ブラジル地理統計院（IBGE）、ブラジル中央銀行、国際通貨基金（IMF）、世界銀行、日本外務省、日本貿易振興機構（JETRO）、応用経済研究所（IPEA）

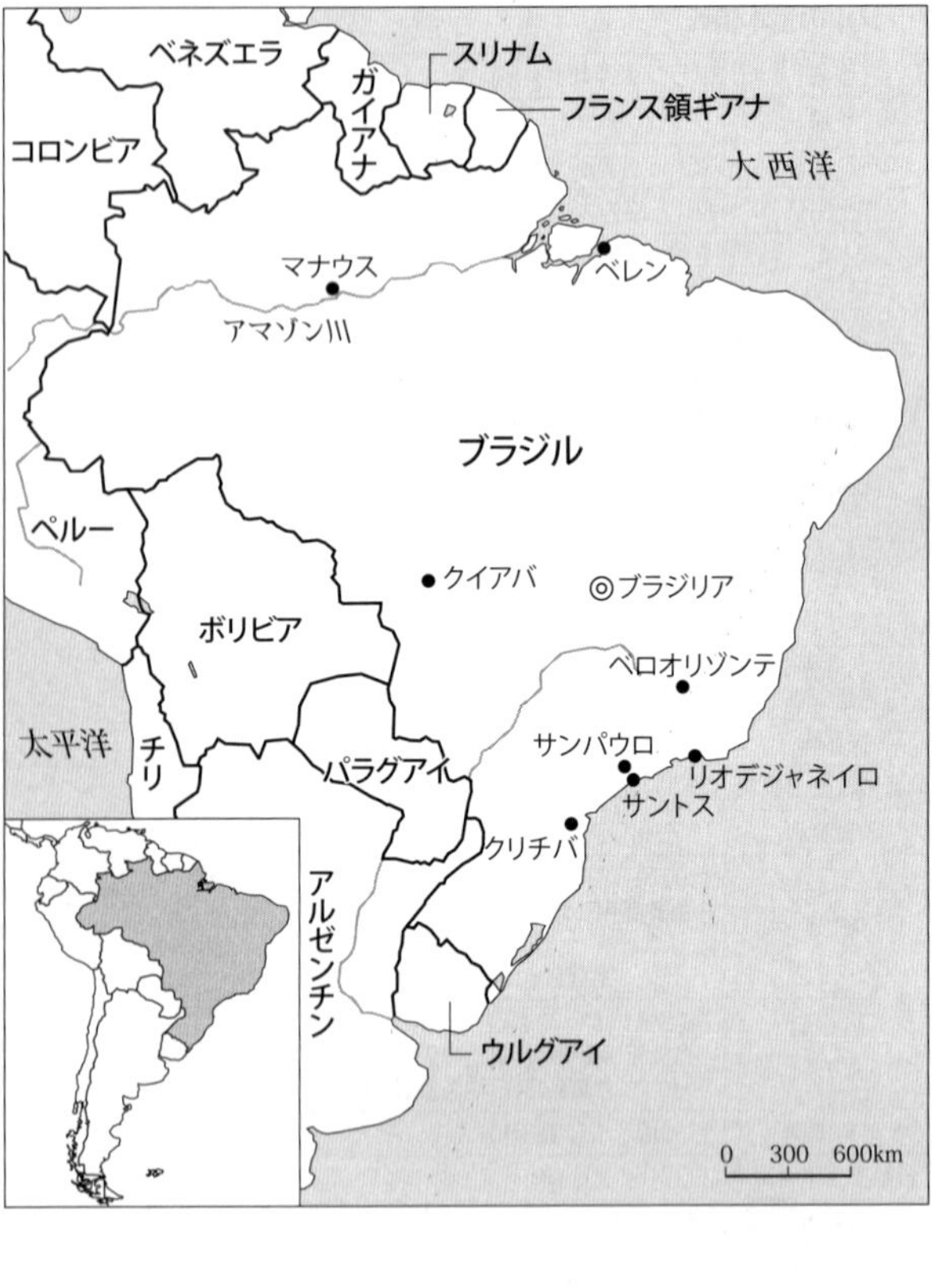

ベネズエラ
ガイアナ
スリナム
フランス領ギアナ
コロンビア
大西洋
マナウス
ベレン
アマゾン川
ブラジル
ペルー
クイアバ
ブラジリア
ボリビア
ベロオリゾンテ
太平洋
チリ
サンパウロ
リオデジャネイロ
パラグアイ
サントス
クリチバ
アルゼンチン
ウルグアイ
0 300 600km

「最後の晩餐」をモチーフにした壁画（2024年１月、リオデジャネイロ）

# 序章
# 多様性の国

## 地球の反対側の国

サッカーの聖地「マラカナン競技場」は国際色あふれる融和的な熱気に包まれていた。2016年8月21日夜のことだ。かつては立ち見を含めて20万人を収容した時期もあり、いまでも8万人が入るマラカナンは、通常は殺気立っている。地元の強豪サッカークラブであるフラメンゴやフルミネンセ、あるいはブラジル代表を勝たせんとする応援団の後押しは試合開始前から始まり、緊張感が漂う。この日のように、多くの異なった言語が飛び交い、民族衣装も華やかな雰囲気はなかなか味わうことができない。

リオデジャネイロで8月5日に開幕した南米大陸初の夏季五輪はこの日、閉会式を迎えていた。私は当時、サンパウロで駐在記者として働いていた。五輪の取材証はメディアごとに割り当て数が決まっている。依頼した全員が取材証を受け取れるわけではない。取材エリアには入ることがかなわなかったため、閉会式の入場券を事前に購入して、東京から出張していたカメラマンらと共に観客席に座って取材していた。私たちが注目していたのはリオから20年に予定される東京五輪への引き継ぎがどのように行われるかだった。

大画面になじみのある風景が現れた。東京・渋谷のスクランブル交差点だった。「TOKYO」「2020」という文字や数字が浮かび上がり、「キャプテン翼」や「ハローキティ」、「パックマン」という世界で知られるキャラクターも登場した。競泳の北島康介、マラソンの高橋尚子という日本の歴代の金メダリストが、日の丸をイメージさせる赤い球を受け渡していく。

最後に赤い球を受け取ったのは、国会議事堂の近くを車に乗って移動中の安倍晋三首相だった。安倍は映像の中でゲームキャラクターの「マリオ」に着替えると、スクランブル交差点でドラえもんが用意した土管にもぐった。その後画面はリオデジャネイロのマラカナン競技場に移った。ピッチ上に置かれた土管から、赤い球をもったマリオ姿の安倍本人が登場する演出だった。帽子をとって、満員の客席に向かって手を振る安倍に対して、会場では大きな歓声と拍手が響き渡った。

夏季五輪の閉会式の様子（2016年8月21日、リオデジャネイロ）

日本とブラジルは地球の反対側に位置している。ドラえもんの「地球エレベーター」では、地球に穴を通してたった42分間で、日本からブラジルに行くことができる設定だが、実際には飛行機で乗り継ぎ時間を含めれば、30時間かかる。映像と現場を融合した16年のリオから20年の東京に五輪を引き継ぐ演出は、実際の地理関係を巧みに利用していた。当時、リオの現場で取材していた私の記憶には、日本のソフトパワーのアピールに成功した場面だったといまでも強く残っている。

## 日本の22倍超の国土

ブラジルの面積は851万平方キロメートルと、南米大陸の約半分を占めている。日本の22・5倍に相当する広さだ。ブラジルは南半球を代表する大国なのだが、実は国内には赤道が通っている。すなわち、北半球のブラジルも存在するのだ。北部のアマゾン地域は熱帯雨林気候で、亜熱帯気候の地域も多い。南部のサンタカタリナ州などではまれに雪が降る。リオグランデドスル州にはグラマドというクリスマスの装飾で有名な街もある。欧州風の街並みは電飾で美しく彩られ、チョコレート工場やワインセラーもある。クリスマス期間には毎晩のようにサンタクロースにちなんだショーやパレードが行われており、多くの観光客に人気がある。

日本人の知人との会話で、私がサンパウロに住んでいたという話をすると、「日本の裏側で、暑いのでしょうね」と言われる。ただの日常会話ではあるのだが、私は時間があればいつも2カ所修正する。「裏側ではありませんよ。反対側です」。つい「裏側」といってしまうこともあるが、地球に裏表はない。メディアでも「地球の裏側」と表現されることもあるが、私は編集の現場ではいつも気をつけていた。

さらに「サンパウロの標高は約８００メートルです。長野県軽井沢町（約１０００メートル）よりやや低いぐらいですので、意外に寒い時期もあります」と話す。１日のなかに四季があると言われる気候で、街を歩いている人々の服装を見ていても、Ｔシャツの人がいたかと思えば、ジャケットやセーターを着ている人もいる。

「ブラジル＝暑い」というイメージは主として海沿いの街であるリオデジャネイロの風景からインプットされている。風光明媚《めいび》なコパカバーナでの日光浴やビーチバレーの風景はテレビ番組でもよく見かける。確かにリオは1年の大半が暑いのだが、日系人や駐在員が多いサンパウロの気候は異なるのだ。

記事を書く際には「今夏」「今冬」という表現にも気をつけなければいけない。日本とブラジルは季節が反対だからだ。ブラジルの夏に「今夏」と書いても、真冬を迎えている日本人の読者にはさっぱり響かない。新聞記事では同じような表現を繰り返さないようにするのが基本ではある。例えば「２０２４年秋」と書いた後には、「今秋」と書きたくなってしまう。ブラジルを現場にしていても、主たる読者は日本にいるわけで、私は記事上では年月の表記を繰り返すようにしていた。

## 中南米最大の民主主義国

ブラジルの国家元首は大統領である。任期は4年間だ。4年に1度、国民による直接選挙で大統領が選ばれる。連続再選が1度まで認められている。大統領候補が事前に副大統領候補を選び、チームで選挙にのぞむ仕組みだ。1回目の投票で有効投票の過半数を得る候補者がいなかった場合は、得票数上位2人による決選投票となる。1回目の投票日は10月最初の日曜日と決まっており、この投票でいずれの候補も得票が過半数に満たない場合は10月最後の日曜日に決選投票が行われることになる。

人口は2億1600万人と世界7位で、中南米最大の民主主義国だ。インドや米国には劣るものの、世界で有数の大規模な選挙といえる。選挙は電子投票で行われる。16歳から選挙権があり、2022年時点の有権者数は1億5645万人と18年の前回から6％増えた。読み書きができる18~70歳のすべての国民に投票が義務づけられている。

正当な理由なしに投票しなかった場合には、公務員への就職や公立教育機関への入学が不可となり、最大3・51レアルの罰金が科される。とはいえ、実際に罰金を支払うはめになる有権者はまれのようだ。ブラジル生まれでブラジルの国籍を持つ日本企業の駐在員が、入国前後に選挙棄権に伴う罰金支払いを求められたという話を聞いたことがある。

## 上院と下院の二院制

ダウン症の日の特別セッションの議長を務めたロマーリオ（中央）（2024年３月21日、ブラジリア）

連邦議会は二院制だ。上院は81議席。任期8年で、２０２２年10月の選挙では3分の１に相当する27議席が改選となった。下院は５１３議席で、任期の4年ごとに全議席が改選となる。

　日本でも知られる著名人の議員には、元サッカーブラジル代表ＦＷで、１９９４年ワールドカップアメリカ大会の優勝メンバーでもあるロマーリオがいる。リオデジャネイロ州選出の上院議員を務めている。現役時代は「悪童」と呼ばれ、多くの問題行動で知られた。議員としては汚職撲滅や障害者支援に積極的に取り組んでいる。ダウン症の子供がいるため、世界ダウン症の日である3月21日には連邦議会で特別セッションの議長を務めるなど、啓蒙活動に積極的だ。サッカー協会や政府の汚職追及にも熱心で、現役時代からは想像できないまったく異なる方向性で活躍している。

日系人ではパラナ州選出の下院議員である西森ルイスが知られている。日伯議員連盟会長を務め、毎年日本を訪れている。政界にも知己が多く、麻生太郎や小渕優子らとの交流が知られている。高知県で幼少期を過ごしており、日本語が堪能だ。訪日時の自治体首長や日本企業幹部との話し合いも日本語でこなせる利点は大きい。現地の政界では「ポルトガル語よりも日本語がうまい」とささささやかれる。

西森は高知商業高校を卒業している。本人から、一時期は名門の野球部に在籍していたこともあり、先輩には江本孟紀がいたと聞いた。プロ野球の南海や阪神で活躍した後に参議院議員を務めた「エモやん」とブラジルの下院議員が高校生の時に接点があったというのは非常に興味深い。

## 議会牛耳る「セントロン」＝中道連合

ブラジルは政党が多い。2024年2月時点で上院は12党、下院で20党が議席を所持している。ルラ大統領に代表される左派、ボルソナロ前大統領が引っ張る右派はともに過半数を握れていないため、上下両院とも中道や中道右派で構成する超党派である「セントロン」（中道連合）がキャスティングボートを握っている。セントロンは政府の要職や予算配分と引き換えに歴代大統領を支持して、法案可決に協力してきた経緯がある。

　上院議長であるロドリゴ・パシェコ（社会民主党）、下院議長のアルトゥル・リラ（進歩党）ともにセントロンに位置づけられる。両氏とも21年2月に当時のボルソナロ大統領の支持を得て初めて議長に当選して、23年2月にルラ政権から支持を受けて再選を果たした。議長はどの法案を優先的に採決にかけるか、いつ審議をするかを決める権限を持っており、政権にとっては重要な存在だ。下院議長は大統領、副大統領に次ぐ、国政のナンバー3と位置づけられている。大統領の罷免投票を開始するかどうかを判断する権限も持っているため、状況次第では政権の命運を握る存在にもなり得る。

　16年には当時のジルマ・ルセフ大統領が、国家会計の不正操作を問われて弾劾裁判で罷免が決まった。ブラジルでは国民は誰でも、書類をそろえれば大統領の弾劾請求を出せる仕組みがある。ただ実際に手続きを始めるかどうかを決める権限は下院議長が握っている。当時のエドゥアルド・クニャ下院議長は、自身に汚職疑惑が降りかかってきて議員としての座が危機にさらされる状況に陥ったことで、政治手段としてルセフの弾劾手続き開始の受け入れを決めたという経緯があった。

　ブラジル政府は23年1月に右派から左派に大きく転換した。大統領の座は、経済界を重視するボルソナロから低所得者に重きを置くルラに移ったわけだが、セントロンは支持する政権を右派から左派にかえて、影響力を引き続き行使している。左派と右派に国内が分断されている中で、中道政党がバランスをとる役割を果たして過激な方向に振れるのを防ぐ重しになっているとの見方もできるが、ひたすら利権につられて動く党派が最もいい思いをしているという解釈も可能だ。

## 人口の4割以上が混血

ブラジル人というとどんな顔立ちを思い浮かべるだろうか。「サッカーの王様」と称されたペレ、元日本代表監督のジーコ、あるいはネイマールの顔を思い浮かべた人が多いだろうか。国際政治に関心がある人はルラやボルソナロ、音楽好きは人気歌手のアニッタ、モデルのジゼル・ブンチェンを考えた人もいるかもしれない。誰が典型的な顔立ちかとの問いに答えるのはなかなか難しい。戸惑ってしまう。

最大都市サンパウロのパウリスタ大通りはブラジルを代表する目抜き通りだ。この道を歩いている人を眺めていれば、人種構成の多様さにすぐに気がつく。もともとの宗主国だったポルトガルやイタリアを中心とした欧州系の顔立ちが優勢ではあるのだが、アジア系も目立つ。北東部やリオデジャネイロに場所を移せば、黒人の割合が増える。南部ポルトアレグレ（リオグランデドスル州）やブルメナウ（サンタカタリナ州）はドイツ系が多く、アマゾン流域に住む先住民はモンゴロイド系という特徴はある。それでも最も感じるのは、混血の多さだ。

ブラジルでは人口の4割以上が混血だ。多人種・多文化の融合が進んでいる。社会学者のジルベルト・フレイレは異なる人種の間で混交が進んで、お互いの対立や差別が弱い社会的な特徴を言い表すものとして「人種民主主義」という言葉を用いている。その結果として、差別が比較的少ない社会を実現している。1888年に奴隷解放が実現するまで、米州大陸で最後まで奴隷制を維持していた国と感じることはほとんどない。

## 欧州での人種差別

とはいえ差別と無縁ではない。象徴的なのはサッカーの欧州リーグで活躍するブラジル人選手に対する行為だ。スペイン1部リーグ、レアル・マドリードに所属するブラジル代表FWビニシウスは2023年5月、バレンシアの本拠地での試合で観客から「猿」という差別的な罵声を受けたと主審に訴えた。彼は「これは初めてでも、2回目でも、3回目でもない。スペインリーグでは人種差別は当たり前になってしまっている。リーグはいまや人種差別主義者のものだ」と批判した。リーグを運営する「ラ・リーガ」会長のハビエル・テバスはこれに対して「リーグを批判して中傷する前に、リーグが何をしているかもっと知るべきだ」とSNSに投稿して、世界中から大きな批判を浴びた。

ルラ大統領は直後の会見の冒頭でこの問題を取り上げた。ビニシウスへの連帯を表明して「21世紀半ばが近づいているにもかかわらず、欧州の多くの競技場で人種的偏見が強まることは考えられない」と指摘した。「国際サッカー連盟（FIFA）やスペインリーグが真剣に取り組むことが重要だと考える」と述べて、対応を求めた。

24年6月にはスペインの裁判所が、同選手に人種差別的な暴言を浴びせた3人の観客に対して、禁錮8カ月の有罪判決を言い渡した。収監はされなかったが、2年間の競技場出入り禁止、訴訟費用の支払いも命じられた。ビニシウスは「ただサッカーをするべきだという人も多かった。しかし、私は人種差別の被害者ではない。人種差別の破壊者だ。私のための判決ではなく、全ての黒人のためのものだ」と言及した。

ビニシウスは24年2月には、国連教育科学文化機関（ユネスコ）の親善大使にも選ばれた。「偉大な選手としてだけでなく、変化を起こそうとした一市民としても認められたい」と述べており、教育や社会正義の促進に力をそそぐ決意を示している。

## 世界最大のカトリック国

ブラジルは世界最大のカトリック教徒の国だ。約1億2000万人の信者をかかえる。

ただ人口に占める信者の比率は減少傾向にある。ブラジル地理統計院（ＩＢＧＥ）によると、１９８０年には国民の89％を占めていたが、２０１０年には65％まで下がった。妊娠中絶や同性婚を認めない教義がカトリック離れにつながっている。総人口は増えたが、カトリックは人口を減らした。

一方、プロテスタントは人口の６・６％から22％を占めるまでになった。信者数は４２００万人超と、10年までの10年間で60％増えた。カトリックの神父の数が不足していた地域などに進出し、無償で医療を施したり、コンサートを開いたりして支持基盤を広げたのだ。

ブラジルを含む中南米には世界のカトリック信者の約４割が暮らす。13年３月に就任したローマ法王フランシスコは、アルゼンチン出身で初の中南米の法王だ。選出にあたっては信者の数が大きな理由となった。フランシスコは就任以来、妊娠中絶などで従来のカトリックの主張を強調しつつも、他の宗教や宗派との対話には積極的な姿勢を示し、イスラム教やユダヤ教の関係者らと面会している。一方で、バチカン銀行の資金洗浄疑惑や聖職者らによる児童虐待といったスキャンダルへの対応にも着手している。

フランシスコは13年７月、初の外遊先としてブラジルを訪れた。カトリックの若者の祭典「世界青年の日」への出席が名目で、できる限り一般住民と直接触れあうため防弾車を使わずにパレードした。地元の有力週刊誌は、法王の謙虚さや清貧さを特集する記事を相次いで掲載した。「貧しい人のための法王」などとして「一流ホテルの料理人を呼ぶのを取りやめた」「ワインを水に切り替えた」といったエピソードを紹介している。信者の間では「謙虚な姿勢にひかれる」(女性会社員)との声が多かった。

近年はプロテスタントも増え、カトリックからの改宗者も目立つ。法王は清貧さや気さくさをアピールし、退潮に歯止めをかけたいと考えていた。リオデジャネイロの低所得者層の多いマンギニョス地区を訪問した際には、雨が降りしきる中で住民の家を訪れ、地区の教会で説教した。「世界に存在する不平等に無関心ではいけない。より公正な世界に向けて働きかけることをあきらめないでほしい」と語りかけた。この地区は麻薬組織どうしが抗争し、銃器犯罪も頻繁な地域。法王は3万5000人の貧しい住民に寄り添い、救済に力を尽くす姿勢を示した。

## リオのカーニバル

ブラジル文化はカーニバル(謝肉祭)に象徴される。欧州の仮面舞踏会の風習や黒人奴隷の習慣が交わったものが起源だという。露出度の高い華やかな衣装の女性ダンサー、3階建ての建物にも相当する巨大な山車《だし》は観光客を魅了する。

カーニバルのパレードは各地で広く行われているが、リオデジャネイロが最も規模が大

山車の高さは３階建ての建物に相当する（2017年２月、リオデジャネイロ）

きく、世界で知られている。１９３０年代に地域を母体としたサンバチーム（エスコラ・ジ・サンバ）によるコンテストが始まった。例年２〜３月に専用会場「サンボドロモ」でパレードがある。この場所はリオ五輪の際にはマラソンのスタート・ゴール地点、アーチェリー競技にも用いられた。コンサート会場になることもあるが、本来の目的のために使われるのは年間で１週間ほどしかない施設が街の真ん中にドンと存在している。

トップの精鋭12チームによるコンテストが最大の目玉だ。山車や衣装の出来栄え、打楽器隊の演奏など10項目で競う仕組みで、最下位は翌年「２部」に降格する。「サンボドロモ」は全長約７００メートルで、観客７万人以上を収容する。この場を各チームの参加者４０００人程度が練り歩く。

各チームはわずか一晩、1時間余りのパレードのために、1000万〜1500万レアルの資金を投じて優勝を狙う。各チームはリオ市からの補助やテレビの放映権料などを受け取る。ただ、それだけでは足りず自前で資金確保に動く必要性が増している。

カーニバルは祭りだが、一大産業でもある。2024年にはリオデジャネイロへの経済効果は50億レアル、ブラジル全体へは90億レアルに達するとの推定が出ている。有力企業は会場の特別観覧席「カマロッチ」に著名人や取引先を招いて交流する。何種類ものビールや一流シェフが作る料理も提供され、パレードの合間にライブ音楽が奏でられる。

17年に関係者に取材したところ、特別観覧席の運営には一般的に500万レアル程度かかるという。だが、芸能人や有名人が特別観覧席を訪問する様子はテレビや新聞でも大量に報じられ、広告や宣伝の効果は高い。かつてはブラジル出身で日産自動車の社長だったカルロス・ゴーンも常連のひとりだった。元サッカーブラジル代表のロナウジーニョ、テニス選手のラファエル・ナダルがパレードに参加したこともある。

ブラジルの経済状況が悪化していた17年に有力チーム「サルゲイロ」を取材した際に、チームの幹部でカーニバルを取り仕切っていたアレシャンドレ・コウトは、山車や衣装の製作では「コストを下げる工夫を凝らしている。安くても見栄えが良いプラスチック製の材料などを探して使うように努力している」と話していた。当時は、14年から協力関係にある日産自動車の支援を受けていた。それでも「資金確保は簡単ではなかった」と漏らしていた。

14年に優勝した「ウニドス・ダ・チジュカ」は15年のパレードのテーマにスイスを選んだ。地元報道では「テーマ選定には迷った」と報じられているが、食品世界最大手のネスレや農薬世界大手のシンジェンタなどスイスの企業からの資金支援の魅力にはあらがえなかったようだ。

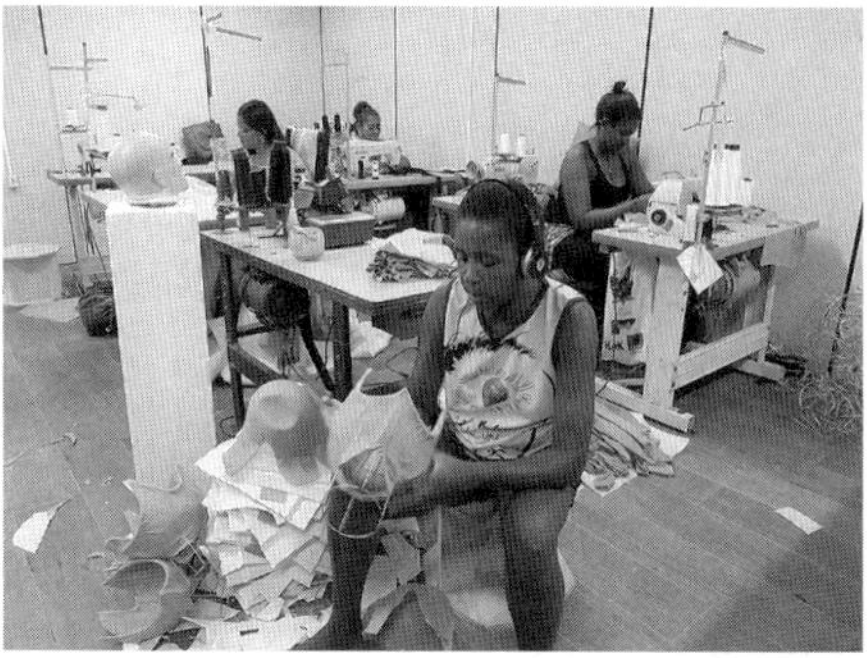
衣装製作のコストを引き下げる工夫をしている（2017年1月、リオデジャネイロ）

15年優勝の「ベイジャ・フロル」の場合、パレードのテーマをアフリカの赤道ギニアとし、同国から約1000万レアルの支援を受けたとされる。チームは「同国で活動するブラジル企業からの寄付」と説明するが、同国は独裁的な政権運営で知られ、非難の的になった。サンバチームは麻薬組織やマフィアとのつながりを噂されることも多い。

カーニバルの動向に詳しい、マーケティング教育機関ESPM教授のマルセロ・ゲジェスは「ブラジルの高度成長が一巡して資金集めが難しくなったことで、祭りの原点である各チームのクリエイティビティ（創造力）の重要性が増している」と指摘している。

## 代名詞のサッカー

サッカーといえばブラジルの代名詞でもある。ワールドカップ（W杯）の優勝回数は5回と最多で、「王様」と称されるペレなどを輩出した。スイスのスポーツ研究国際センター（CIES）が2024年5月に発表した世界135リーグに所属する外国人選手の出身地別調査によると、ブラジルは世界最多の1338人だった。2位のフランス（1091人）、3位のアルゼンチン（995人）を大幅に上回っており、最大の供給国である。

ただ近年は代表の成績が不振だ。W杯での最後の優勝は02年で、過去2大会はともに準々決勝で敗れた。24年のパリ五輪の出場権を逃し、同年の南米選手権（コパアメリカ）も準々決勝で敗退した。26年W杯に向けた南米予選の戦績も低調で、予選敗退を心配する声もあるほどだ。

自国出身の監督人材の不足が深刻なのが原因だ。国内リーグではポルトガルやアルゼンチンの指導者が席巻しており、22年のW杯敗退後は代表チームの監督を外国人に任せる案が浮上した。

世界のトップ選手が集まる欧州リーグでは、隣国アルゼンチン出身のマルセロ・ビエルサ、ディエゴ・シメオネが監督として成果を出している。一方で、ブラジル人の指導者が招かれるケースはまれだ。

ブラジルでは、有名選手が指導者の道に進むことは一般的ではない。名選手として知られるペレ、ロナウド、ロナウジーニョらは監督を務めていない。現役時代に十分な名声と財産を築き上げており、監督として失敗するリスクを取る必要がないという事情がある。ブラジルの国内リーグでは成果が伴わないと数試合で監督を解任される。

サッカーでは欧州に最先端の戦術や資金、IT（情報技術）が集まっている。クラブの世界一を決めるクラブワールドカップでは13年以降は欧州のチームが勝っている。ブラジル勢が優勝したのは12年のコリンチャンスが最後だ。当時の指揮官がW杯カタール大会の代表監督のチチだった。

欧州でコーチ陣のポストを経験するブラジル人が乏しい状態が続くと、トップクラスのノウハウの習得は選手に依存することになる。そのため、欧州で通用する指導者の育成は急務だろう。

## 再び広がる貧富の格差

ブラジルでは貧富の格差が大きい。２０２５年の最低賃金は月額１５０２レアルとなる見込みだ。ブラジル調査企業協会（ＡＢＥＰ）の調査を元にした日本貿易振興機構（ジェトロ）の調べによると、最低賃金以下の月収しか稼げていない層が３割弱を占める。一方で、最低賃金の10倍弱を稼ぐ層が全体の８％程度を占めている。13年頃までの10年間で、いったんは４０００万人が新たに中間層として育った。ルラ、ルセフという労働者党政権による社会保障拡充の成果だったが、新型コロナウイルス禍で再び中間層からこぼれ落ちた人も多い。

ブラジルでは13年にルセフ政権への抗議デモが大規模化したことがある。国内最大の都市サンパウロでバスと地下鉄の運賃が３レアルから３・２レアルに上がったことが市民の反発を呼んだ。わずかな値上げだったが、公共交通機関の無料化を訴える団体、無賃運動（ＭＰＬ）が13年６月にサンパウロでデモを始めたのが口火となって全国に広がった。かつてはその日の暮らしにも苦労していた低所得者層にも生活の余裕ができたことで、政治意識が高まり、閣僚の腐敗や福祉の充実といったテーマに関心を強めるようになった結果だった。交流サイト「フェイスブック」で情報が広がって、多くの市民がデモに駆けつけ

**平均世帯月収**

| 階層 | 平均世帯月収（レアル） | 全国 | 南東部 | 南部 | 北東部 | 中西部 | 北部 |
|---|---|---|---|---|---|---|---|
| A | 21,826.74 | 2.9% | 3.6% | 3.1% | 1.3% | 4.8% | 1.4% |
| B1 | 10,361.48 | 5.1% | 6.4% | 6.2% | 2.8% | 5.9% | 2.3% |
| B2 | 5,755.23 | 16.7% | 20.9% | 20.5% | 9.2% | 18.3% | 9.6% |
| C1 | 3,276.76 | 21.0% | 24.2% | 25.3% | 14.7% | 22.3% | 15.7% |
| C2 | 1,965.87 | 26.4% | 26.4% | 26.7% | 25.7% | 27.6% | 26.9% |
| D-E | 900.60 | 27.9% | 18.5% | 18.2% | 46.3% | 21.1% | 44.1% |

出所：ブラジル調査企業協会（ABEP）「ブラジル基準 2022年」

た。交通運賃の値上げへの不満がきっかけだったが、要求は多様化して、14年のワールドカップ（W杯）の巨額の開催費用や警察の暴力への反発、日々の生活の不満を掲げる人々もいた。トヨタ自動車のディーラーを手がけている豊田通商が一部の販売店の営業時間を3時間ほど短くしたり、100円ショップ「ダイソー」の店舗もレジが壊され、商品を略奪されたりしており、日本企業にも影響が及んだことが印象に残っている。

12年3月、サンパウロに初めて降り立った時、ビジネス街のパウリスタ大通りにはホームレスはほとんどいなかった。ブラジルの資源に対して中国からの需要が高まっていた「資源のスーパーサイクル」の時期で、高度成長の名残があった。それが17年4月に離任する際には路上生活をしている人がポツポツいるなという印象になった。21年10月に再び着任した際には段ボールの家やテントを張って至る所に寝泊まりしていた。オフィスに出入りしているだけで、「お金を恵んでください」と声をかけられる。サンパウロ市にとってホームレス対策は大きな課題になっている。

相続税が極端に少ないため、富裕層の子弟は優位な立場で人生を歩む。現預金や不動産、家業を引き継ぎ、苦労をすることなく、人生を謳歌している多くの人々に会った。成功している起業家も、親から資本を引き継いでそれを元手にリスクを冒して成功しているパターンが多いように感じる。

## 社会の緩衝材としての「ハレの場」

ブラジルというと、先に書いたカーニバルとサッカーが真っ先に取り上げられることが多い。ステレオタイプの典型例として指摘されることも多いのだが、社会的な装置として非常に重要な役割を果たしている。それは貧富の格差という大きな課題の緩衝材だ。

カーニバルの場合、基本的には居住区とサンバチームが一体となっていて、貧困層のアイデンティティーの発露の場にもなる。1年に1回、専用会場で多くの観客に見守られ、スポットライトを浴びて、大音量の音楽に合わせて踊ったり、打楽器を奏でたりする。それは日々の苦しい生活を忘れ、憂さを晴らす「ハレの場」の役割を果たしている。チームの仲間とひとつの目標に向かって歩むことは、コミュニティーに自身を一体化する意味でも重要といえる。

サッカーはのし上がる手段だ。ペレが幼い頃、靴下を丸めたボールで遊び、技術を高めたことはよく知られている逸話だ。いまでも貧しい家庭から代表に上り詰めるケースは多い。W杯に2大会連続で出場したFWガブリエルジェズス（アーセナル）は母子家庭で育った。2018年にロシア大会に出場するわずか4年前にはペンキ塗りのアルバイトをしながらプロ選手を目指していた。

いまではスカウト網も強化されており、幼い頃から有力チームの下部組織に所属して鍛錬を重ねるケースも目立つ。チームは子供に練習の場を提供するだけでなく、親に就労の機会を与えて、家族丸抱えで面倒をみるのだ。例えば、わずか18歳で代表に定着しつつあるエンドリッキの場合、首都ブラジリアから強豪パルメイラスでプレーするため、サンパウロに移った。父親はチームからロッカールームの掃除の仕事をあっせんされていた。24年7月にはパルメイラスからスペインの強豪レアル・マドリードに移籍したため、家族で再び転居した。私が23年12月に両親と話した時には2人とも移住に向けてスペイン語を勉強していた。いまはエンドリッキが十分な給与を稼いでいるため、両親は彼をサポートすることが「仕事」になっている。

キーパーソン

## ラファエラ・シルバ Rafaela Silva

柔道選手（五輪金メダリスト）
１９９２年４月24日生まれ

# 多様性と課題、希望を象徴する選手

2017年12月、東京

波瀾《はらん》万丈、ジェットコースターという言葉がこれほど似合う人物もそういない。ファベーラ（貧民街）に生まれ、一歩間違えば凶悪犯罪の餌食になってしまう環境下で育った。黒人で同性愛者というバックグラウンド。いくつもの差別を乗り越えて、２０１６年リオデジャネイロ五輪の柔道女子57キログラム級で金メダルを獲得した。

リオ市西部の貧民街シダジデデウスに生まれた。五輪公園からほど近く、世界的にヒットした映画『シティ・オブ・ゴッド』（02年）の舞台となった街としても知られる。

サッカー好きの少女が柔道に出合ったのは5歳の時だ。父親が姉と共に道場に連れていったのは、「屋外で遊んでいて流れ弾に当たったり、ギャングに勧誘されたりするのを心配した」ためだった。稽古をサボって道ばたでけんかに明け暮れた時期もある。大会で勝てるようになった12歳の頃に魅力を感じ、本格的に競技に取り組むようになった。

誰よりもシルバの才能を信じていたのはブラジル男子代表の元監督ジェラウド・ベルナルデスだ。当初から周囲に「代表になる逸材だ」と話し、辛抱強く指導してきた。その「もうひとりのお父さん」は、シルバが遠征費用を用意できなければ地元でカンパを募り、自らも支援した。代表チームには13年、日本人コーチの藤井裕子が加わる。シルバは「組み手の習得でたくさん手助けしてくれた」と藤井に感謝する。

地元の大会での出番は16年8月8日だった。前日まで期待されたブラジル代表の柔道選手が次々敗れる中、シルバは鬼気迫る表情を見せて勝ち進んだ。勝利すると拳を勢いよく突き上げて、地元の観客をあおった。

準決勝は延長戦を制し、決勝戦の前には「すごく疲れていた」。決勝の相手ドルジスレン（モンゴル）はシルバと同じ左組みの選手で、過去に何度も対戦していた。試合開始後1分、「相手が技をかけにくる時を狙っていた」シルバにチャンスが来る。相手がもぐり込もうとした瞬間、逆に体を浴びせるように「隅落とし」で技あり。持ち前のパワーと研さんを積んできた技術が集約された瞬間だった。

表彰台の真ん中で国歌を聴きながら、感極まって泣いていた。メダル授与式の直後、テレビのインタビュー取材に「猿がオリを出て、五輪の勝者になった」と答えた。なぜなのか。話は12年のロンドン五輪に遡る。

11年の世界選手権で銀メダルを獲得し、期待を背に臨んだロンドンは2回戦で反則負けに終わった。直後にネットでは「猿はオリの中にいればいい」などと露骨に差別的な書き込みをされた。シルバは「くそったれ、ばか野郎」と反論してしまった。「とてつもないストレスにさらされ、気持ちを整理しないまま書いてしまった。反省している」。4年の間、差別的な言葉を投げかけられた。

リオ五輪の閉会式で大会のハイライトをまとめた映像が流れた際、シルバが映し出された時にはひときわ大きな拍手が巻き起こった。大会後には、2時間以上かけて地元をパレードした。金メダルを首にかけ、国旗を片手に乗り込んだのはなんと消防車。沿道の住民からは「ファベーラの金」とたたえる声が飛んだ。

ブラジルは欧州やアジアからの移民で成り立ち、混血も進んでいる。柔道の普及に貢献した日本からの移民の子孫も多い。柔道選手は「ジュウドウカ」という言葉で呼ばれる。多様性を大事にする移民国家だが、「心の中では黒人への差別意識が残っている人は多い」と考える。

「この人種差別は何なの」。突然ツイッターに連続投稿したのは16年2月22日のことだった。リオの空港でタクシーに乗車し、自宅に向かう道筋で警察から突然止められた。泥棒を捜していた警察官は運転手を外に出して尋問し、乗車していたシルバについて「ファベーラの住人か何かだと思ったよ」と話したのだという。

五輪を機に知名度は急上昇した。飛行機に乗れば拍手が起こり、道を歩けば写真撮影大会となる。それでも差別は消えてはいない。シルバは自身がLGBT（性的少数者）であることも隠していない。「両親は受け入れてくれ、友人たちも知っている。それでも難しい時はある」と話す。

リオ五輪後は練習不足に陥って国際大会で勝てなくなった。20年12月にはドーピング違反が認定されて2年間の出場停止処分を受けた。東京五輪には出場できなかった。だがその後は復活して23年4月にはグランドスラムを制して世界女王に返り咲いて、24年のパリ五輪にも出場を決めた。女子57キロ級では準決勝まで勝ち進んだが、そこから2連敗してメダルはのがしたものの、インパクトは残した。混合団体では銅メダルを獲得している。

シルバには「将来的には指導者になりたい」との思いもある。15年に実家近くに住む友人のファブリシオが16歳でこの世を去った。盗んだバイクを運転中に警官に停止を求められたが、逃走したため撃たれた。一時期は同じ道場で練習したが、やがて寄りつかなくなっていた。「柔道を続けていたら死ななくて済んだかもしれない」。

タフな幼少期は「目標なんてなかった」と語るシルバが、周囲の手助けと己の努力で誰もが憧れる存在となった。シルバも「ロールモデルになりたい」と繰り返す。「私は人生を変えられた。だからみんなも人生を変えられる」。

大統領選を前に街ではボルソナロとルラの写真が目立った（2022年10月、サンパウロ）

# 第1章【政治】右派と左派の対立
## ——大統領選とルラの復権

## 2022年大統領選

2022年10月のブラジル大統領選挙は歴史に残る選挙となった。元軍人で右派の現職ジャイル・ボルソナロ、労働組合の指導者出身で左派のルイス・イナシオ・ルラ・ダシルバという、両極に位置する個性的な政治家の戦いだった。ボルソナロは再選を、ルラは通算3期目となる返り咲きを目指していた。選挙の構図は早い段階から固まっていた。

現職であるボルソナロが再選を目指すのは自然だった。下院議員を長く務めており、前回18年10月の大統領選挙では当初は泡沫《ほうまつ》候補とみられていたものの、汚職への厳しい姿勢や巧みなSNS（交流サイト）活用で有権者の支持を広げて当選した。19年1月の就任後は年金改革やインフラ企業の民営化に取り組んだ。国営だった電力会社エレトロブラスの新株を発行し、政府の株式保有比率を5割以下に引き下げた。一方、奔放な発言がたびたび物議を醸した。

ルラは左派の政治家の中では圧倒的な支持を集めていた。汚職事件で有罪判決を受けて18年4月から収監されていたため、同年10月の前回選挙への出馬はかなわなかった。19年11月に約1年7カ月ぶりにクリチバ連邦警察（パラナ州）から釈放され、21年には裁判所が過去の司法手続きを無効とする判断を下したため、今回は立候補への道が開けた。

**近年の大統領**

| | | | |
|---|---|---|---|
| 35代 | ルイス・イナシオ・ルラ・ダシルバ | 労働者党(PT) | 2003/1～2010/12 |
| 36代 | ジルマ・ルセフ | 労働者党(PT) | 2011/1～2016/5※1 |
| 37代 | ミシェル・テメル※2 | ブラジル民主運動党(PMDB) | 2016/5～2018/12 |
| 38代 | ジャイル・ボルソナロ | 社会自由党(PSL)など | 2019/1～2022/12 |
| 39代 | 現職ボルソナロと元職ルラの戦い | | 大統領選挙:2022/10 |

※1　不正会計疑惑により2016年5月に停職、同年8月に失職
※2　ルセフ政権の副大統領。ルセフ失職にともない大統領昇格

両候補の政策や支持基盤は好対照だった。ルラの支持者は低所得者層で、地理的には貧しい市民が多い北東部が地盤だった。社会保障政策の拡充や富裕層への課税強化が中心施策となる。ボルソナロは中間層以上の支持が多く、豊かな州が多い南東部、大規模農家が多い中西部で強い。キリスト教福音派など保守中間層の支持も厚い。19年発足の政権では年金改革や国営企業の民営化を進めてきていた。

## 1年前から「選挙不正論」

大統領選挙の投票までまだ1年ある21年10月時点で、すでに不穏な雰囲気が漂っていた。背景には新型コロナウイルスのまん延がある。ブラジルは20年2月に初感染が確認され、その後は世界の中で感染拡大が最も深刻な国のひとつに数えられた。米ジョンズ・ホプキンス大によると、ブラジルの感染者数は世界で5番目に多い3708万5677 5人だった。死者数は米国に次いで2番目に多い69万93

10人に達していた（流行開始から23年3月までの累計）。北部の大都市マナウスなどでは医療体制が崩壊し、国中でワクチンの確保も遅れていた。

当時大統領のボルソナロは「軽い風邪に過ぎない」と話し、マスクは着用せずに、ワクチンも接種しないと公言していた。もともとブラジルにはマスクを着用する習慣はない。だが、この時期はホームレスもマスクをつけていた。ブラジルではほおをくっつけてのあいさつが一般的だが、その習慣も一時的になりを潜めた。私自身は2度目の駐在を始めるために入国した21年9月から23年初頭まで、感染予防に細心の注意を払っていた。外出時にはマスクを必ず着用していたし、帰宅後には外で着用していた衣服はすぐに脱いでいた。

暮らしていたサンパウロには、高度な医療を提供する私立病院は複数存在する。かなりの高額ではあるが、外国から派遣される駐在員は保険に入っていれば、受診自体は難しくない。問題は患者の増加が著しい場合には、病床数の観点から入院できない可能性があることだった。新型コロナのピークを過ぎてからの赴任だったとはいえ、細心の注意を払って過ごす日常生活のストレスは大きかった。行列に並んで公立の医療機関を受診するしか選択肢のない低所得者層の市民にとっての不安はより大きかったはずだ。周囲でも罹患《りかん》は当たり前で、親族を亡くした知人も多かった。

新型コロナの流行の結果、ボルソナロの支持率は低迷していた。調査会社 Ipec が21年

9月下旬に公表した22年の大統領選に向けた世論調査で、最も支持率が高かったのはルラの45％だった。同じ調査でボルソナロは22％だった。他の有力者は1ケタの支持率にとどまっていた。この時点でルラの返り咲きは間違いないという雰囲気だった。

苦戦が鮮明だったボルソナロは「選挙不正論」に頼った。根拠は明確に示さないまま、電子投票システムには「不正の温床」があると繰り返し語り、具体的な対策として、電子投票した記録を印字し、再集計に備える仕組みへの変更を求めていた。「安全な選挙を保証しない投票制度を受け入れることはできない」とも述べ、大統領選で敗れた場合、これを受け入れずに不正を主張することへの布石を打っていた。「神のみが私を権力の座から降ろせる」とも発言した。7月には首都ブラジリアで各国の大使や大使代理ら約70人を集め、電子投票がハッキングのリスクにさらされ、候補者名が修正されかねないと指摘した。米国のトランプ前大統領が20年の米大統領選で不正を訴え、敗北に抵抗した様子と似通っていた。

そのトランプは投票日前日の10月1日には、ツイッターに動画を投稿して「ボルソナロは極めて優れた（ブラジルの）大統領だ。経済のために素晴らしい仕事をし、世界から尊敬されている」と述べ、ボルソナロへの投票を呼びかけた。

ルラはVWの工場前を第一声の場所に選んだ（2022年8月、サンパウロ州サンベルナルドドカンポ）

## 象徴的な第一声の場所

選挙運動は8月16日に始まった。ルラが第一声の場所に選んだのはサンパウロ州サンベルナルドドカンポにある独フォルクスワーゲン（VW）の工場前だった。労働運動の指導者だった1970年代に労使交渉のために何度も足を運んだゆかりの場所だ。

2003年から2期8年大統領を務めて退任する際の支持率が87％と高かったことに言及し、過去の実績アピールが演説の中心だった。足元の経済情勢については「最初に大統領になった時よりも経済は悪い。この国を立て直す」と政権交代に向けて意気込んでいた。

VWに13年勤務するジルソン・カンポス（51）は「ルラが大統領だった時は経済や雇

用が良かった。もう一度大統領として戻ってほしい」と期待していた。

ボルソナロは南東部ジュイスデフォラ（ミナスジェライス州）で選挙運動を始めた。前回の選挙運動中だった18年9月、暴漢に腹部を刺されて重傷を負った場所だ。有権者の同情を集めて支持率が上昇する契機ともなった。ボルソナロは「経済は回復して雇用も生まれており、失業率は下がる」と述べ、景気刺激策による効果を強調した。「我が国に汚職はいらない」とも述べ、汚職疑惑で投獄されていたルラを念頭に批判を強めていた。

## 1回目投票での波乱

10月2日の1回目投票ではルラの得票率は48・4%、ボルソナロは43・2%だった。事前の世論調査ではルラがボルソナロを10～15%ほどリードしていた。ルラが過半数を確保して1回目投票で勝利する可能性を報じるメディアもあったが、蓋を開けてみると、ボルソナロの得票率は予想よりも高く、接戦だった。ルラは「最終的には私たちは勝つ。勝利が少し遅れるだけだ」と話したが、同氏の陣営にはかなりの焦りがみられた。

ボルソナロは過激な言動で知られるだけに、調査で支持を表明するのをためらった有権者も多かったとみられる。ボルソナロがメディアへの不信感をたびたび示していただけに、世論調査に応じない支持者の存在も指摘されていた。

過激な言動で知られるボルソナロ（2022年10月、サンパウロ）

決選投票に向けて、両候補の中傷合戦は激化していった。ルラ陣営は新型コロナや経済を巡るボルソナロの発言を引用した後、ナレーションで「嘘つき」と繰り返す動画も投稿した。ルラは「ボルソナロは新型コロナを軽くみた。亡くなった人々を嘲笑した」と批判した。一方、ボルソナロはテレビ番組で、ルラについて「彼は犯罪者で、泥棒だ」と語った。汚職で有罪判決を受けて2018年に収監されたことに言及して、非難を繰り返した。

選挙管理委員会に相当する高等選挙裁判所（TSE）は、両陣営の弁護士と会談して「決選投票に向けて、フェイクニュースの攻撃性が増している。民主主義をむしばんでしまう」と訴えて、自制を求めたほどだった。

## ルラ勝利、沈黙のボルソナロ

10月30日の決選投票ではルラの得票率は50・9％、負けたボルソナロは49・1％だった。

**2022年の選挙は現職と元職の争いに**

| ルイス・イナシオ・ルラ・ダシルバ | 候補者名 | ジャイル・ボルソナロ |
|---|---|---|
| 1945年10月27日 | 生年月日 | 1955年3月21日 |
| 左派。労組指導者、大統領（03〜10年） | 経歴 | 右派。軍人、下院議員、大統領（19〜22年） |
| 50.9% | 決選投票の得票率 | 49.1% |
| 低所得者、労働組合員 | 支持層 | キリスト教福音派を含む保守派、経済界 |
| アニッタ（歌手）カエタノ・ベロゾ（同） | 著名な支持者 | トランプ（前米大統領）ネイマール（サッカー選手） |
| グリーン経済推進 | 経済活性化策 | 国営石油や郵便電信公社を民営化 |
| 富裕層に課税強化 | 税制改革 | 個人と法人の所得税の減税 |
| 主要新興国の枠組みBRICSや中南米重視 | 外交 | 米国や先進国とも協力 |

1985年の民政移管後、最も僅差の選挙となった。票数が僅差だっただけではなく、ルラは北東部を中心に13州、ボルソナロは南東部などの13州と首都ブラジリアで、より多くの票を得た。まさに国は真っ二つに割れたことを示す結果だった。

ルラは勝利が決まると支持者を前に「2つのブラジルは存在しない。自分に投票しなかった人々も含め、全てのブラジル国民のために最善を尽くす」と演説した。最大都市サンパウロを貫くパウリスタ大通りは、日付が変わるまで歓喜で満ち、ルラの所属する労働者党（PT）のシンボルカラーである赤い色のTシャツを着た人々であふれかえっていた。大音量で音楽を流し、片手には火が付いた棒を持って、踊り狂っている市民もいた。

ボルソナロは敗北を認める声明を出さず、沈黙を保ったままだった。肉声が聞けたのは11月1日午後、選挙管理当局が10月30日夜に結果を公表してから約45時間が経過した後だった。ボルソナロは首都ブラジリアの大統領官邸で記者団を前に「私に投票した5800万人に感謝したい。憲法を尊重する」と述べるにとどめた。

声明を読み上げた時間はほぼ2分だった。当選を決めたルラへの祝福はなく、記者からの質問も受け付けなかった。ボルソナロが退席した後に、当時のノゲイラ官房長官がマイクの前に立って「ボルソナロは政権移行手続きを進めることを許可した」と表明した。

85年の民主化以降で、再選を目指した現職が敗北するのは初めての例だった。ボルソナロが明示的には負けを認めなかったことで、同氏の支持者は全国で道路を封鎖したり、各地の陸軍の施設の近くでキャンプしたりして選挙結果に抗議を始めた。ボルソナロは「不法侵入や財産の破壊、通行の妨害をしてはならない」と指摘する一方で、「選挙プロセスへの憤慨と不公正という感情の結果だ」と支持者への理解も示した。

## ルラであふれる首都

ブラジルの大統領の任期は1月1日に始まる。日本と季節が反対のブラジルでは夏だ。

首都ブラジリアはクリスマスや新年の華やかな飾り付けだけでなく、ひげ姿の高齢男性の顔写真やイラストであふれていた。

宿泊先のホテルの近くでは、「LULA ESPERANÇA」（ルラ　希望）と書かれた紙をかかえた集団に出くわした。石油産業に従事する労働組合員の集まりだ。オレンジ色のTシャツやジャンパーを着込み、ルラの写真が大きく印刷された横断幕をかかえ、記念写真の撮影に忙しくしていた。

1日の式典に参加するためにルラの支持者が国内各地から集まっていた。その支持者を目当てに、ルラのグッズを販売する商人たちが、ブラジリアの観光名所にはあふれていた。ルラが創設した左派政党である労働者党（PT）のシンボルカラーである赤色の帽子や鉢巻き、Tシャツ、缶バッジ、サングラスなど種類は多い。当時はまだ新型コロナへの懸念もあったため、ルラにちなんだマスクも多く売られていた。

1日朝、私は就任式の取材をするために議会に向かった。式典時のブラジリアでの取材はやっかいだ。多くの交通規制が敷かれるため、なかなか目当ての建物に近づけない。前日に取材証をあらかじめ取得した上で、議会裏側の駐車場まで向かう。そこで議会建物との間をピストン輸送してくれるバンに乗り込んだ。

就任式の取材要領にはスーツとネクタイを着用するようにとの指示があった。私自身はブラジリアに到着後にそのことに気がつき、慌てて上着とネクタイを購入して取り繕ったが、それでもおそらくは入れると予測をしていた。バンの中にはTシャツ姿のカメラマンがおり、議会の入り口では何も言われることなく、会場に入っていた。それでも現地に到着すると、普段の取材現場よりはかしこまった格好の取材陣が目立った。

円周型の議会の2階部分に自らの席を確保して開会を待った。同じ階では国歌を奏でるための演奏隊が準備を進めていた。反対側には就任式に特派大使として派遣された小渕優子衆議院議員の姿もみられた。ブラジル通の議員といえば、駐在員としてブラジルに住んでいたことがある麻生太郎元首相が知られるが、自民党内では今後は小渕を顔役にしていきたいとの考えがあり、今回の就任式に加わっていた。

就任式にはアルゼンチンのアルベルト・フェルナンデス大統領、チリのボリッチ大統領、スペインの国王フェリペ6世、ポルトガルのレベロデソウザ大統領ら多くの要人も参加していた。現職ではないが、ルラと長年の友好関係にあるウルグアイのムヒカ前大統領もいた。清貧な生活が日本でも話題となり「世界で最も貧しい大統領」との愛称で呼ばれる人物だ。

議会ではルラがオープンカーに乗って移動する様子が映し出された。ルラが議会内に入ると、参加者が一斉に立ち上がり大きな拍手が巻き起こった。ルラの通る場所には、あいさつしようとする参加者が押し寄せてなかなか進めない。ブラジルではよくある場面ではあるが、日本とは大きく異なる式典での一幕だ。

ルラは議会での宣誓式典で「私の最も重要な使命は苦しんでいる人々の希望に応えること。この国を再建しなくてはならない」と語った。外交政策については「米国、欧州、中国などと積極的に対話する。（新興5カ国の枠組みである）BRICSを強化し、アフリカ諸国とも協力する」と話した。

## 「国民の代表」と共に就任

その後は再び車に乗り込んで、大統領府に向かった。そこではルラの3期目の発足を象徴する場面が展開された。大統領府に上っていく坂道の下でルラを待ち構えていたのは8人の「国民の代表」だった。先住民、黒人の少年、労働組合員、障害をもつインフルエンサーなど様々なバックグラウンドを持つ市民と共に歩む写真は、3期目の任期を始めたルラ復権の象徴になっている。この時の写真はX（旧ツイッター）のプロフィールページに表示されているだけでなく、多くの閣僚の執務室にも飾られている。

ルラが「国民の代表」と共に歩みを始めたことは政治的な意味を持つ。この写真にはルラの前任者で、政敵でもあるボルソナロの痕跡が残っているからだ。元軍人で右派のボルソ

ルラは「国民の代表」と共に大統領府に上っていった（2023年1月1日、ブラジリア）＝ブラジル大統領府提供

ナロの任期は２０２２年12月31日までだった。ところがその前日の30日、ボルソナロはすでにブラジルを離れていた。30日午後2時頃に、専用機で首都ブラジリアを出発して、米フロリダ州に向かった。再びブラジルに戻ったのは3月30日だった。

大統領就任式では、前任が新任にたすきをかける儀式が通例となっていた。国旗の色である黄色と緑で、大統領の地位を象徴しており、平和的な権力移行を象徴する意味もある。軍政期の１９７２年からの伝統だ。２０２２年10月の大統領選でルラに敗れたボルソナロは、式典への参加を拒否したのだ。

そこでルラは今回、8人の「国民の代表」のひとりで、再生資源回収の仕事をしている黒人女性のアリニ・ソウザから、たすきを受け取った。当時33歳で7人の子供の母親であったソウザは、資源回収者が加わる組合の代表者を務めていた。自身の母親や祖母も同じ仕事をしていた。組合はルラの支持基盤だ。右派と左派による分断が鮮明になった雰囲気の中で、ルラの返り咲き3期目は始まった。

ルラは1年後の24年1月1日、Xに8人の国民の代表とともに歩く様子がおさめられている写真をあらためて投稿した。「1年前、ブラジル国民は坂道をのぼり、プラナルト宮殿（大統領府）を再び手中に収めた」と書き込んでおり、思い入れの深さがにじんだ。

## ボルソナロの政策を白紙化

ルラはボルソナロ前政権による政策の否定から新たな任期を始めた。就任日翌日の2023年1月2日の官報に公示された政令では、アマゾン熱帯雨林保護の強化、国営企業の民営化に向けた調査を凍結する方針を打ち出した。

アマゾン保護を巡っては、先住民の土地で許可されていた小規模な金の採掘を認めないように改めた。鉱物資源の発掘場所へのアクセスなどを理由として、違法な森林伐採が横行していると判断していたためだった。前政権下では違法伐採の監視が緩く、森林の消失面積が大幅に増えていたので、欧米から批判の対象になっていた。

国営企業の民営化に向けた調査もまた、ボルソナロの掲げた政策だった。ボルソナロは再選を果たした場合には、国営石油会社ペトロブラスや郵便電信公社の民営化を計画しており、実現に向けた調査を始めていた。ルラは政令で、この調査の停止を決めた。国営企業の民営化にも歯止めをかけるためだ。ボルソナロは任期中、電力会社エレトロブラスなどの民営化を進めており、経済界では評価が高かったが、労働組合が支持基盤のルラにとって民営化はマイナスに働く。

## 社会政策を拡充、現金給付増

ルラは、ボルソナロの政策否定の後は、自身の看板政策である社会政策に力を注いだ。貧困家庭向けの現金給付「ボルサファミリア」で月600レアルを支給するのは前政権と同じだが、2023年3月には6歳以下の子供がいる場合は1人あたり月150レアルを追加給付することにした。さらに同年6月には、18歳までの子供の場合は50レアルを給付することを決めた。

最低賃金は23年5月には月額1320レアルと、従来の額から18レアル引き上げた。24年1月にはさらに1412レアルとして、さらに25年1月には1502レアルに引き上げる意向を示している。個人所得税が非課税となる範囲も月間所得2112レアルと、従来(1903・98レアル)から上げることで、個人所得税を支払う必要がある層を減らした。

低所得者向けの施策で「ボルサファミリア」と並ぶのが、住宅供給計画「ミニャ・カザ、ミニャ・ビダ」（「私の家、私の人生」）だ。通算3期目が23年1月に始まったルラにとって、前回の任期中から重視してきた計画といえる。

今回の任期4年間では、政府による住宅自体の供給、住民が建設する場合の低金利の融資などを通じて、200万戸を整備する計画を立てている。家族の収入が月額8000レアルまでの世帯が対象となる。

都市部では、廃れてしまった旧中心市街地での住宅の整備が目的だ。交通や保健衛生のインフラがすでに整っているため、郊外で新たな場所に整備するよりも効果的だと政府は分析している。計画を管轄するフィーリョ都市相は「地方自治体と協力して旧中心部の廃虚となった建物を再開発することで中心部の消費を喚起できる」と強調する。

政府は、建設に用いるレンガや鉄筋、ペンキといった建設資材では、環境配慮を求めることも新たに決めた。温暖化ガスの発生が少ない製品を活用したり、雨水や自然光の活用を設計に取り込んだりする計画を促していく。住宅建設でも「脱炭素が優先事項であることの認知を広げる」狙いがある。小規模な自治体での整備が遅れないようにも目を配り、「人口5万人以下の自治体に予算の5％を割り当てる」（フィーリョ）方針を決めている。

23年12月にはサンパウロのイタケラ地区のコパドポボ（copa do povo）と呼ばれる場所で、

低所得者向け住宅の契約式典があった。14年のサッカーワールドカップ（W杯）の開幕戦の会場で、現在は人気クラブのコリンチャンスが本拠地としている「ネオキミカアレナ」の近くだ。W杯前に、市民が周辺の家賃高騰に抗議して、長期間の不法占拠実施で抗議した場所でもある。ここに大衆住宅を建設することは、象徴的な意味を持つ。

この地区の食堂に勤務するビルマ・マルセリノ（75）に話を聞いてみた。「初めて自分の鍵が持てる。10年待った。建設の完成までの2年なんて何でもない」と興奮した面持ちだった。この式典にはルラだけでなく、アダジ財務相、フィーリョ都市相、シルバ環境・気候変動相、ギリェルメ・ボウロス下院議員が並び、政府としての力の入れようが見てとれた。

## 税制簡素化を実現

このようにルラの3期目は、政敵ボルソナロの否定と支持基盤である低所得者層向けの再分配政策強化から始まった。自身の政治基盤を安定させて船出したのだ。その上で、ルラが1年目の重点課題においていたのは、税制改革だった。

ブラジルでは外国企業の進出の難しさを象徴する「ブラジルコスト」という言葉がある。企業に多くの資料提出を求める官僚的体質、インフラ不足、手厚い労働者保護などがその

**税務手続きにかかる時間**

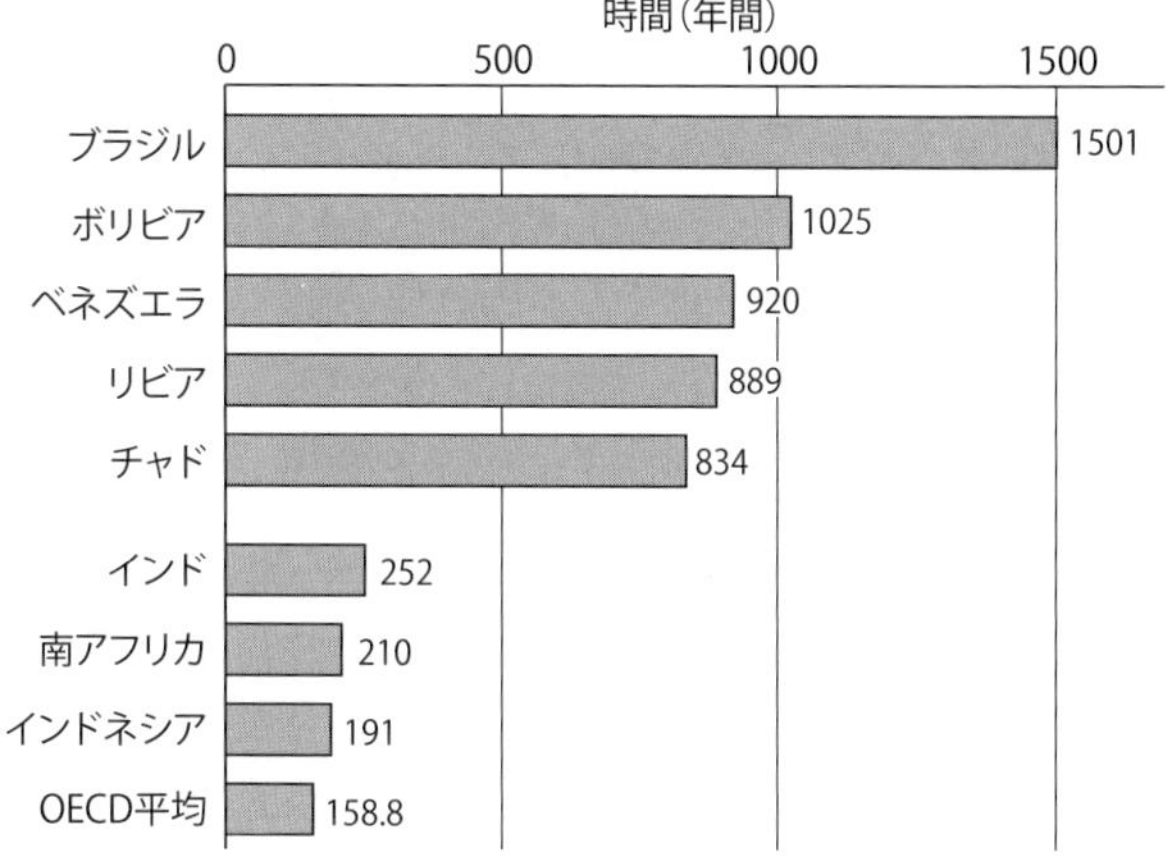


出所：世界銀行（2020年）

例だ。中でも、民間企業にとって不満が大きいのは複雑な税制だった。同じ種類の税金でも連邦税と州税に分かれていたり、州ごとに税率が異なっていたりするため、外国企業にとっては対応するのが非常に難しかった。

世界銀行の２０２０年のビジネス環境ランキングでは、ブラジルでは税務手続きにかかる時間は１５０１時間で最下位だった。中南米域内ではボリビア（１０２５時間）やベネズエラ（９２０時間）よりも下位で、インド（２５２時間）やインドネシア（１９１時間）といった有力新興国に比べても大幅に長くかかる。経済協力開発機構（ＯＥＣＤ）加盟国平均は１５８・８時間にとどまる。ブラジルは約10倍かかる計算だ。

日本貿易振興機構がまとめた22年度の「海外進出日系企業実態調査」中南米編によると、日本企業がブラジルの投資環境面でのリスクと考えているのは「税制・税務手続きの煩雑さ」が最も多かった。日本企業のブラジル法人各社で構成するブラジル日本商工会議所もブラジル政府に対して、長年要望を重ねていた。

1年目の最終盤である23年12月、ブラジル議会は消費にかかる税金を簡素化するための法案を可決した。税制改革は議会で30年以上議論されてきた経緯がある。今回の法案は、現行憲法下では初めての包括的な改革が実現したと評価されている。

この法案では5種類に分かれる税金を、3種類に再編するのが柱となる。商品流通サービス税（ICMS）、サービス税（ISS）、工業品税（IPI）、社会統合基金（PIS）、社会保険融資負担金（COFINS）の5種類を、新たに財・サービス税（IBS）、財・サービス負担金（CBS）、選択税（IS）の3種類に置き換えるのだ。政府は基本的な税負担は変わりがないと説明しているが、税金を納める企業などにとっては支払い作業の手間が減ることになる。

26年から33年にかけて、この新たな税制に移行していくという。酒やたばこなど嗜好品にかかる税金は高くなり、基礎消費財には低減税率を適用することも決まった。外国企業が所属する団体である「競争力のあるブラジル運動」は、今回の改革が実行されれば、か

**ルラ政権　就任１年目の成果**

| | |
|---|---|
| 経済 | 税制簡素化の法案を成立 |
| | 新たな財政規律規則を導入 |
| 外交 | 積極外交で24カ国を訪問 |
| | 中南米結束に指導力を示す |
| 社会 | 最低賃金を月額1302レアルから1320レアルに引き上げ |
| | 低所得者層向け現金給付を拡大 |
| 環境 | 熱帯雨林アマゾンの消失面積の減少 |
| | 2025年のCOP30の誘致に成功 |

かっていた時間は6割減って600時間程度になると分析している。

**野放図な歳出拡大を抑制**

税制簡素化の可決に先立つ2023年8月には、新たな財政規則を承認したこともルラ政権にとっては大きな成果だった。ルラは選挙戦期間中から「政府歳出の伸びはインフレ率以下とする」という従来の規則の変更への意欲をたびたび口にしてきた。この規則を無条件に撤廃するようなら、金融市場からの信頼を失うことは間違いなかった。

ルラ政権は、「歳入の増加額の7割を歳出増の上限とする」という新たな財政規律規則を決めた。政府が毎年設定する基礎的財政収支（プライマリーバランス）の目標を達成できない場合は、歳出増の上限は歳入の伸びの7割ではなく5割となる。中道のテメル政権が16年に定めた規則よりは緩むものの、一定の歯止めをかけたことで金融市場は好意的に受け止めた。

格付け会社のS&Pグローバルは23年12月19日、外貨建ての長期信用格付けを「ダブルBマイナス」から「ダブルB」に1段階引き上げた。フィッチは税財制改革の議論の進展が確認できた7月の段階で「ダブルBマイナス」から「ダブルB」に1段階引き上げた。主要株価指数のボベスパは23年の1年間で2割以上上昇し、通貨レアルも対ドルで1割弱上昇した。インフレ鈍化も進展し、金融市場では評価する声が多い。格付けは「投資適格」に到達するにはあと2回の格上げが必要になる。

とはいえ、ルラの財政拡張志向は変わっていない。政府は24年4月には25年にプライマリーバランスを黒字化するとの目標を取り下げた。この局面では財政の先行きへの懸念が強まり、レアル安・ドル高が進んだ。ルラは、支持基盤である低所得者層向けの施策を優先したいとの強い気持ちがある。自身が貧しい農家から大統領に上り詰めたバックグラウンドはもちろん、支持基盤とも重なるためだ。ルラの後継候補のひとりであるアダジ財務相は、ルラと金融市場の間に立ってバランスを取ることに苦心している。

## 三権襲撃事件

ルラが就任した2023年1月に時を戻す。選挙当局の発表ではボルソナロは敗れたが、同氏が明確には敗北を認めなかったことで、支持する人々も選挙結果には不満を抱えたままだった。ボルソナロが事前に選挙不正の可能性を訴えていたこともあり、選挙結果に抗議するために各地での座り込みが行われた。

最大都市サンパウロでは市民の憩いの場であるイビラプエラ公園の近くに、ボルソナロの支持者の衣装となっていたサッカー代表の黄色のユニホームを着用した人が多く集まった。この年のサッカーのワールドカップ（W杯）は開催地が中東のカタールで、暑さを避けるために通常とは異なる11月開催となり、大統領選の直後だった。ボルソナロの支持者と間違われることを避けるため、黄色よりもむしろ、青色のユニホームが人気を集めていた。ブラジル国民がW杯の結果に一喜一憂する日々を過ごす間にも、政権移行の手続きは淡々と進んでいた。

ボルソナロの支持者は、ポルトガル語で「ボルソナリスタ」と呼ばれる。支持者のSNSで出回っていたのは「選挙は不正だ」「近く軍隊が蜂起する」といった陰謀論ともいえる言説だった。1月1日の就任日までには、「何らかの事態」が生じてルラの就任が阻害されると信じていた支持者も目立った。

私がサンパウロ市内や近郊に移動する際にいつもお世話になっていた運転手さんはボルソナロを支持していた。彼はこの時期、「何かが起きてルラは大統領に就任できない」と

**三権襲撃事件を巡る主な出来事**

| | |
|---|---|
| 2022年12月30日 | ボルソナロが米フロリダ州に向けてブラジルを出発 |
| 23年1月1日 | ルラが大統領に就任 |
| 6日〜 | 国内各地からボルソナロの支持者が首都ブラジリアに集結 |
| 8日 | **議会、大統領府、最高裁への襲撃事件が発生** |
| 13日 | 最高裁がボルソナロの捜査を許可 |
| 14日 | 連邦警察が前法相トレスを逮捕 |
| 3月30日 | ボルソナロがブラジルに帰国 |
| 4月26日 | ボルソナロが警察に出頭。事件への関与を否定 |
| 9月〜 | 事件の容疑者30人に有罪判決 |
| 10月18日 | 議会合同調査委員会(CPMI)が事件の報告書を承認。26の罪状で61人の起訴を要請 |

繰り返し話していた。ある日本企業の現地責任者は「スタッフの間でボルソナロとルラの支持が割れており、事務所内が険悪な雰囲気になることがある」と困惑の表情を浮かべていた。

ルラが大統領に就任した1月1日に混乱はなかった。その陰で、ボルソナロの急進的な支持者の間では実力行使への同調がひそかに広がっていた。事態が急変したのは1週間後、1月8日の午後だった。首都ブラジリアに集結していた約4000人のボルソナロの支持者が、連邦議会、大統領府、最高裁判所の三権の施設になだれ込んだのだ。窓ガラスや家具、調度品が破壊された。貴重な美術品も壊され、被害総額は2100万レアル超に達した。治安部隊が侵入者に対して催涙弾や放水車で制圧を試みて排除するまでには、約4時間がかかった。

ルラは同日、「わが国の歴史に前例がない。このような行為を行った人は罰せられなければならない」「狂信的なファシストだ」などと襲撃の実行者らを激しく批判し、議会などがあるブラジリア連邦区について、国が直接治安を管理する政令を出した。ボルソナロは8日、ツイッターに「本日起きたような略奪や公共の建物への侵入は法律から逸脱している」と投稿した。

21年1月の米連邦議会襲撃事件に続き、世界の民主主義を揺るがす事態だった。米紙ニューヨーク・タイムズによると、米国の一部の極右主義者らの間ではブラジルの襲撃事件を歓迎する動きがあったという。彼らはブラジルの事件の動画をSNSに投稿して、襲撃への参加者らを「愛国者」と呼んで持ち上げた。だからこそバイデン米大統領は記者団に「とんでもないことだ」と述べ、襲撃者を批判した。国連のグテレス事務総長はSNSに「ブラジルは偉大な民主主義国家であり、そうなると確信している」と訴え、冷静な対応を求めていた。

## 吹きさらしの大統領府

私は事件の一報の記事を急いで書いて電子版に掲載した後、夜の便でブラジリアに向かった。実は当初からその日はブラジリアに向かう予定だった。1月9日には日本の林芳正外相とブラジルのビエイラ外相の会談が予定されていたからだった。急きょ記事の執筆が入ったため、利用する航空便を遅らせた。予定通り外相会談が行われるかに不安を抱えつつ、それよりもこの事件がどのように展開するのかシナリオを予測しながら首都に向かった。現場にすぐに向かうことも考えたが、その夜は朝刊に掲載する原稿の作業を優先することにした。次の日は午前中から、外相会談を取材するため外務省に向かった。外務省の入るイタマラチ宮殿は、大きな被害を受けた大統領府や議会、最高裁判所のすぐ近くにある。外務省の報道担当者に話を聞くと「幸いなことにまったく被害がない」とのことだった。外相会談は予定通り行われ、林外相はルラ政権への支持を表明して「暴力で民主主義を脅かすことは許されるべきではない」と襲撃事件を非難した。ルラ政権発足直後の訪問で、本来ならお祝いムードとなるはずだったが、緊張感が漂う記者会見だったのを覚えている。

会見後、議会の周辺に向かった。襲撃の舞台となった場所に通じる道路には防御柵が配置され、近づくことはできないようになっていた。厳しい通行規制もしかれており、警官が車両の確認を繰り返していた。大統領府への出入りも厳しく制限はされていたが、取材証を駆使して訪れたところ、1階部分はガラスが軒並み外され、吹きさらしになっており、物理的にはどこからでも大統領府に入れるようになっていたのを実際に目にした。

ルラのほか、ビタルドレゴ上院議長代行、リラ下院議長、最高裁判所のウェベル長官ら三権の長は9日午前、共同声明に署名した。この声明では「平和と民主主義を守ろう」と訴えるとともに「法律に基づいた措置がとられるように我々は団結している」と言及している。

ルラは11日には議会関係者と会談した。ルラは「ここで起きたことはクーデターではなく、選挙が終わったことをいまだに理解していない狂信的なグループによる行為と考えたい」と述べた。

道路には防御柵が配置されていた（2023年1月、ブラジリア）

ガラスが外された大統領府の1階部分（2023年1月、ブラジリア）

ブラジリアは徐々に落ち着きを取り戻していた。この間、ブラジルメディアの報道によって、事件の背景が徐々に明らかになっていった。三権襲撃事件の予兆は少なくとも2週間前からあったという。ボルソナロの支持者の間では、対話アプリ「ワッツアップ」や「テレグラム」で頻繁にメッセージのやり取りが行われていた。議会への侵入を暗示する用語として「Festa de Selma」が用いられた。「雄たけびの祭典」を意味するポルトガル語「Festa de Selva」を1文字変え、治安当局に察知されにくくする狙いがあったとされる。治安部隊による催涙ガスに備えたマスクの作り方も書き込まれていた。

もともと、選挙後から首都ブラジリアの陸軍本部前には座り込みで抗議するためにキャンプしていた集団がいた。その集団にブラジル各地から約100台のバスでやってきた人々が加わった。食料や交通手段はボルソナロの熱狂的な支持者である大規模農業事業者や中小企業の経営者が用意したとみられている。

8日当日には「きょうは三権を侵略する日だ」とのメッセージが出回った。支持者らは叫び声を上げてバリケードを突破し、窓ガラスを割って建物に侵入し、写真や動画を撮影した。襲撃時の様子は、21年1月に起きた米連邦議会襲撃事件と通じる。

この暴動との関連は不明だが、ボルソナロの三男のエドゥアルド・ボルソナロはトランプ前米大統領や元側近のスティーブ・バノン元首席戦略官と交流があり、2022年11月には米フロリダ州を訪問したと報じられている。米紙ニューヨーク・タイムズはブラジルの議会襲撃について、専門家の分析を基に「米マイアミを拠点とするアカウントがツイッターでの拡散で重要な役割を担った」と指摘している。

## 保守中間層の反乱

ボルソナロは任期中、治安対策の名目で銃保有の規制を緩和した。銃犯罪の増加を懸念する声もあったが、農村部などで自衛を強化したい保守層は評価した。同氏は大統領選を「善と悪の戦いだ」と表現していたように、味方と敵で分ける二元論を駆使した政治手法が熱狂的な支持者を生み出した。

「INTERVENÇÃO MILITAR」。議会に侵入したボルソナロの支持者はポルトガル語で「軍事介入」と書いた横断幕を掲げていた。混乱が起きれば軍隊が出動する。それを選挙結果の取り消しとルラ大統領の退陣につなげようとした人々がいたのは間違いない。

建物に侵入した人々は保守中間層が目立った。比較的豊かな南部や南東部からの参加者が目立ち、45歳以上の人々が多かった。決して貧しい人々ではない。大統領選でルラが掲げた手厚い貧困対策が進む一方で、中間層の自分たちの生活水準がさらに低下することへの懸念が強まったのだ。ロシアによるウクライナ侵攻で燃料費や肥料代が高騰し、市民の暮らし向きは悪化していた。ボルソナロを支持していた会社員のフルビオ・ズリック

(45)は「ルラは貧困対策には熱心だが、雇用対策は不十分だ」と指摘し、中間層へのしわ寄せを心配していた。

事件を巡る拘束者は2170人に達した。事件1年後の時点で有罪判決を受けたのは30人。大半が実際に破壊行為に動いた人々だ。彼らには禁錮3~17年の実刑判決が出ている。裁判を担当した判事は「いまあなたが座っている椅子は、事件当日に屋外に投げ出された」などと被告に語りかけた。

暴力行為に動いた人々への裁判が進展する一方で、事件の構図は明確になっていない。ボルソナロ前政権のアンデルソン・トレス前法相、ブラジリア連邦区の軍事警察で安全対策の責任者だった元大佐らが拘束されているが、容疑を否定している。

連邦警察はボルソナロにも出頭を求めて聞き取りをしているが、事件への関与を否定している。事件2日後の23年1月10日、ボルソナロは自身が敗北した大統領選挙で不正があったことを示唆するような動画をSNSで共有しており、反民主的な行為を扇動したとの容疑がかかっている。ボルソナロは12月末に「公共の建物に侵入した人は処罰されなくてはならないが、禁錮17年の刑ではない」と指摘した。

議会では23年10月、襲撃事件に関する議会合同調査委員会(CPMI)の報告書が提出された。ボルソナロを含む61人について、26の罪状で起訴を求める内容だ。政治的な色彩も強いため、報告書はボルソナロ派の責任に言及して「無秩序な動きではなく、事前に計画され、準備された動員だった」と分析している。

キーパーソン

## ルイス・イナシオ・ルラ・ダシルバ

Luiz Inácio Lula da Silva

大統領

1945年10月27日生まれ

2022年8月、サンパウロ

# 元旋盤工、労働組合で頭角
# 汚職で獄中580日

富裕層出身で、大学を出ており、背が高い——。ブラジルの大統領のイメージは長い間こうだった。これを打ち破ったのがルラだ。最初に大統領となる直前の2002年12月、「大学の学位がないと何度も批判されてきた。生まれて初めての免状が、我が国の大統領という称号だ」と喜んだ。

北東部ペルナンブコ州の貧しい農家に生まれた。ポルトガル語でイカを意味する「ルラ」はあだ名で、本名の「ルイス」にちなんで幼少時から呼ばれていた。

7歳の時、簡素な幌《ほろ》の屋根を張ったトラックの荷台に13日間揺られてサンパウロ州に移り住んだ。幼い頃から街頭でピーナッツを売り、靴磨きをして家計を助けた。12歳のころに日系人が経営するクリーニング店を手伝っていた。ルラは05年5月のNHKの取材に「父母と2人の娘がいる4人家族で、息子のように扱ってくれた。アイロンがけ、洗濯を学び、配達もしていた。いまはサンパウロ州の内陸部に住んでいる。私の人生において重要な節目だ。この家族は私の家族の友人で、アントニオさん、マリナさん、マリコさん、ケンコさんとは良い関係だった」と振り返っている。14歳で初めて労働手帳をもった。旋盤工になると、就業中だった19歳の時にプレス機械に挟まれて左手小指を切断する事故も経験した。

低音のしわがれた声や全身を大きく使った迫力ある演説で、労働組合の指導者として頭角を現した。1978〜79年の軍事政権下では最大規模のゼネストを指揮した。80年には治安騒乱の罪で逮捕された経験がある。

80年に労働者党（PT）を結成し、84年には直接投票での大統領選実施を求める「ジレータス・ジャ」にもかかわった。86年には全国最多得票で下院議員に当選した。大統領選は89、94、98年と3回落選した後、4度目の挑戦だった2002年10月に勝利した。選挙戦の最中には「国際通貨基金（IMF）には金は返さない。もう彼らの言いなりにはならない」「米州自由貿易圏構想（FTAA）は経済統合ではなく、米国による併合だ。植民地には戻りたくない」などと左派的な強硬姿勢が目立った。
ルラの勝利が固まった後にはブラジルの通貨や株式は大きく売られ、金融市場参加者の警戒は強かった。ただ03年1月の就任後は、選挙戦中の主張を強硬に貫いた訳ではなく、現実的な路線にシフトした。ルラの「メタモルフォーゼ（ポルトガル語で「変身」）」と呼ばれた。2期8年の任期中は中国の経済成長に伴う天然資源や穀物の価格高騰の恩恵を受け、高い経済成長を実現した。

09年には当時のオバマ米大統領から「地球上で最も人気のある政治家」と呼ばれたこともある。退任時の支持率は87%に達していた。

退任後には建設会社から賄賂を受け取ったとされる汚職事件で有罪判決を受けた。18年4月から19年11月まで580日間、獄中生活を送った。出馬を検討していた18年の大統領選挙では裁判所から立候補の資格を停止されたものの、最高裁が有罪判決は無効だとの判断を示して、22年の大統領選へは立候補が可能になった。

収監中には運動場を歩いて体力維持に努めて、40冊以上の本を読んだ。再登板に備えるためだった。ロシアのプーチン大統領や南アフリカのマンデラ元大統領、キューバの革命家フィデル・カストロらの自伝を読み込んだ。ルラに近い関係者からは「体力と気力は充実している。だが、ルラをいさめることができる側近は少なく、働き過ぎと孤立が懸念材料」との話を聞いた。

ルラは家族について「5人の子供、8人の孫、1人のひ孫がいる」と話す。1969年に最初の結婚をしたが、その妻は2年後、妊娠中に肝炎にかかってお腹の子供と共に死去した。医療の不備を痛感して労働運動に没頭するきっかけになったとされる。次にマリザ・レチシアと結婚して、最初の任期の際には同氏がファーストレディー役を務めたが、2017年に亡くなった。

22年5月に3度目の相手として社会学者のロザンジェラ・ダシルバと結婚した。「ジャンジャ」の愛称で知られ、ルラが収監されていた際に面会に通って交際を深めた。選挙期間中は集会で非常に目立ち、ルラの就任後は女性やLGBTなど性的少数派の人権、動物保護への積極的な姿勢が目立つ。

就任式に「国民の代表」と共に坂道をあがっていくというのは夫人のアイデアだった。夫妻は昼も夜も食事を共にすることがほとんどだといい、事務方の間では「前回の任期の際は食事がブリーフィングの時間になっていたが、今回は十分な時間が取れない」とのぼやきも聞こえてくる。

趣味は料理やサッカーだ。サンパウロの名門チーム、コリンチャンスのファンとして知られる。

2024年はブラジルがG20の議長国（リオデジャネイロ）

# 第2章【外交】

# 国際社会の新秩序構築へ

## ——米中の間で立ち位置を模索

## 「ブラジルは帰ってきた」

「ブラジルは帰ってきた」。２０２３年1月1日に大統領に復帰したルラが口癖としているせりふがこれだ。３期目を務めているルラは、国際社会で存在感を示そうと外交を重視している。同時に、このせりふには前任者であるボルソナロへの批判も込めている。19年1月に就任したボルソナロは、そもそも外交には積極的ではなかった。加えて20年2月に新型コロナウイルスの感染者が確認されて以降、実際に動く外交は当然下火となった。冒頭のせりふは国内に閉じこもりがちだった政敵のボルソナロを当てこすっている。

ブラジルの有力メディア「ポデル３６０」によると、３期目開始時点で77歳だったルラは23年の１年間に62日間を費やして24カ国を訪問した。ルラが最初に大統領を務めた１期目の1年目にあたる03年には67日間で27カ国を訪問しており、20年前の当時に匹敵する数字となった。ボルソナロ前大統領（38日間、10カ国）、テメル元大統領（21日間、７カ国）の最初の１年間を大幅に上回っている。

外交重視の姿勢は22年10月の大統領選に勝利した直後にあらわれた。まだ大統領に就任していない11月後半、ルラの次期大統領としての初外遊先はエジプトだった。同国で開催中だった第27回国連気候変動枠組み条約締約国会議（ＣＯＰ27）に参加したのだ。

ルラはＣＯＰ27で、ケリー米大統領特使（気候変動問題担当）、中国の解振華《かいしんか》特使らと相次いで会談し、国際舞台でさっそく存在感を示した。11月16日の演説では「我々は地球の警告を無視してきた。破壊と死をもたらすだけの戦争に資金を投じてきた」と指摘して、国際社会で協力して気候変動の課題に取り組むべきだと訴えた。合わせて25年に開催予定のＣＯＰ30の誘致に意欲を示した。ルラは「アマゾンが保護されない限り、気候の安全保障は達成されない」と述べ、ブラジルが誇る熱帯雨林のアマゾン地域で開きたいとの考えを表明した。開催地は後にアマゾン川の河口にある北部の大都市ベレンに決まった。

## 新秩序の構築を目指す

ルラの外交には３つの特徴がある。１つ目は国際社会で新秩序の構築を目指していること、２つ目は米国と中国のいずれにも肩入れせず、独自の立場をとること、３つ目は中南米やアフリカを中心に新興国同士の連携を重視していることだ。

ルラの外交の特徴の１つ目である国際社会での新秩序構築について見ていこう。ルラが「新秩序」と言う時に具体的に想定しているのは、国連と世界銀行・国際通貨基金（ＩＭＦ）の改革といえる。新たな組織を作って既存組織に対抗していくというよりも、すでに国際社会の中心にある組織の作り替えや刷新を求める考えを持つ。ルラは２０２３年12月、

20カ国・地域（G20）の議長国のバトンをインドから受け取り、各国のシェルパ（首脳の補佐役）を前に「時代遅れで、実態を反映していない国際機構に関する議論に真剣に立ち向かいたい」と語った。

ブラジル政府は24年のG20議長国として、①社会包摂と貧困・飢餓の解消、②気候変動や持続可能な開発、③国際的なガバナンス改革という3つの優先課題を掲げた。政府高官は国際的な課題（①と②）を解決するには、③が必要だとの考えを示している。

## 新興国の意志が反映される社会に

２０２４年1月、ブラジリアで私の取材に応じた2人の政府高官の発言を取り上げたい。1人目はルラ大統領のシェルパ（補佐）を務める外務省経済担当次官であるマウリシオ・リリオだ。リオデジャネイロ出身で、リオデジャネイロカトリック大で修士号を取得した。職業外交官で駐メキシコ、駐オーストラリアの大使を経験。G20の議長国の事務方トップである現在のポジションを23年4月から務めている。欧州と中東の紛争を念頭に「我々は統治のない世界に生きている」との認識を示しており、国連が影響力を発揮できるような改革に向けた議論の必要性を繰り返し訴えている。

「国際的な課題解決のためには、世界のすべての国の関与が必要だと考える。そのためには強い国際機関が必要だ。国連がより機能するためには、現実世界に対応するような形で刷新しなければならない。国連が発足した当時と現在の世界は同じではない。より現在の世界を反映した形になるべきだと考える。ブラジル政府は国連をなくしたいのではない。非常に重要だと考えている」

取材に応じるマウリシオ・リリオ（2024年1月、ブラジリア）

「安全保障理事会が取り扱う課題はアフリカなどが関わっているケースが多いのにもかかわらず、アフリカや中南米、アジアの意向が反映されにくい構造のままだ。（安保理改革を求める）G4（ブラジル、日本、ドイツ、インド）による取り組みは非常に重要だ」

「（国際戦略研究所によると）2023年には世界で183件の地域紛争が発生し、最多を記録した。多くは貧困や飢餓と関係している。紛争を減らすためには貧困や飢餓の問題を解決することが重要になる。紛争があると、国際社会は社会的な課題に集中できない。両方の課題に同時に取り組むことが大事で、地政学の問題について話し合うことが、他の問題を脇に追いやってしまうことがないようにしたい」

2人目は財務省国際担当次官のタチアナ・ホジトだ。経済・金融分野の取りまとめ役で、日本でいう財務官の役割を担う。ルラ政権が発足した23年1月から現職だ。ホジトはリオデジャネイロ連邦大卒業後、財務省や企画省などに勤めた。外交官として、また国営石油会社ペトロブラス勤務などで中国に計10年在住した経験を持ち、中国語を話す。これまで欧米が独占してきている「IMFや世界銀行のリーダー選出のプロセスには変化が必要ではないか」と述べ、新興国からのIMF専務理事や世銀総裁の選出を求める。IMFへの新興国の出資比率拡大も必要不可欠だと主張する。「先進国、新興国が分かれていては課題を解決できない。すべての勢力の参加が必要だ。新興国の意見をより反映される形にすることが重要だ」との考えだ。

取材に応じるタチアナ・ホジト（2024年1月、ブラジリア）

新興国の債務問題については「優先順位の高い問題だ。G20にはアフリカ連合が加わった。先進国で構成するパリクラブ（主要債権国会議）のメンバー、中国、IMFや世界銀

**新興・途上国の経済規模は拡大**

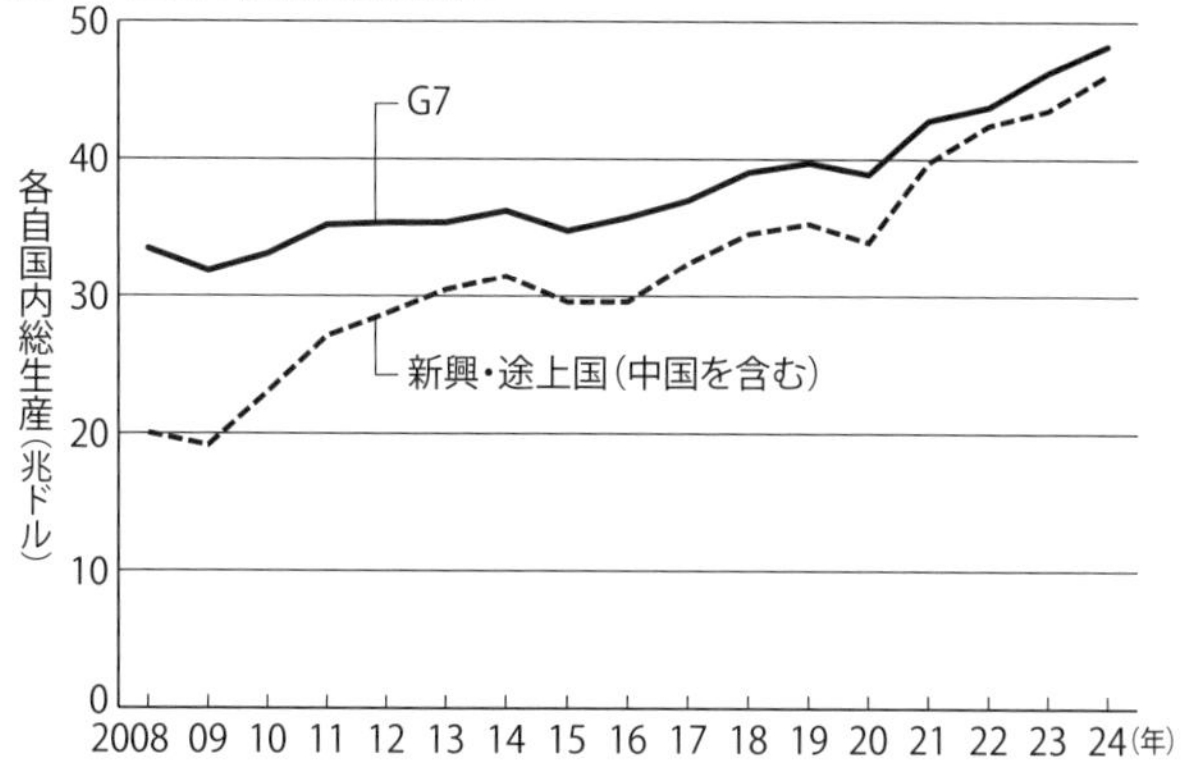


出所：国際通貨基金（IMF）

行といった主要な債権者がすべて参加している。ともに解決策を探ることができると考える。貸した側だけではなく、借りた側の意見を聞くことも重視していきたい」と述べた。

国際課税の新ルールについては「国際合意のルールは大きく分けて第1の柱（ピラー1）、第2の柱（ピラー2）の2つがある。巨大IT（情報技術）企業などが対象となるデジタル課税を含むのがピラー1だ。ピラー2の法人税の最低税率を15%とする国際最低課税は韓国やベトナムなどでは既に始まっている。各国・地域による署名が24年中に終わるように望んでいる。24年に必要な署名が集まれば、25年に発効するだろう。米国を含め24年は多くの選挙を控えているが、早期の発効を後押ししたい」と主張した。

ブラジル政府内では、新興国が経済力を増しているにもかかわらず、国際的な問題や課題を話し合う場が先進国に主導権を握られたままである現状への不満が根強いことがよく分かるインタビューだった。

## 2024年のG20議長国として

2024年のG20議長国として、ブラジルは存在感を発揮している。財務相のフェルナンド・アダジは、2月にサンパウロで開いた財務相・中央銀行総裁会議で「超富裕層を対象にした公平な税金の徴収は国際協力次第だ」と述べ、富裕層への課税強化をG20の枠組みで目指したいとの意向を提起した。資産管理会社に株式を移すなどの「課税逃れ」で、億万長者への実効税率が低く、税の再分配機能が損なわれているという問題意識を反映したものだった。

7月にリオデジャネイロで開いた同じ会議ではさらに前進して、共同声明と共に「国際租税協力に関するG20閣僚リオデジャネイロ宣言」を採択した。超富裕層への課税の推進を盛り込んだのだ。G20で税に関する閣僚級の宣言をまとめたのはこの時が初めてで、「超富裕層の個人を対象に含む公正かつ累進的な課税その他の課題に関する対話を促進する」と具体的に記した。議長国であるブラジルの意向が強く反映された。左派のルラ政権は貧困層が支持基盤で、国内でも富裕層への課税強化は受け入れられやすい。

そのために注目したのは欧州の調査機関である「ＥＵタックス・オブザーバトリー」の23年10月公表の報告書だった。大企業や富豪の租税回避に詳しいパリ経済学院教授のガブリエル・ズックマンらの研究で、10億ドル以上の資産を持つ富裕層（ビリオネア）は世界で２５００〜３０００人ほどいて、こうした超富裕層の実質的な税負担は保有資産の０〜０・５％相当に過ぎないと分析していた。この報告書では、保有資産に対して２％に相当する最低課税を導入する国際合意が必要で、合意がなされれば２５００億ドルの税収増につながると試算している。

これまで国際課税を巡る議論では、先進国を中心にして経済協力開発機構（ＯＥＣＤ）がけん引してきた。ＯＥＣＤ加盟国ではないブラジルが国際課税の議論で主導権を握ったのは異例だった。アダジは「ブラジルが議長国を離れても国際課税をＧ20のアジェンダに位置づけるという認識で一致した」とも述べた。

24年２月時点の国際通貨基金（ＩＭＦ）のデータをもとに計算すると、新興・途上国（中国を含む）の名目国内総生産（ＧＤＰ）は24年に46兆ドルと世界の42％を占めた。主要７カ国（Ｇ７、44％）に匹敵する水準になっている。Ｇ20サミットが始まった08年には新興・途上国は31％に過ぎず、Ｇ７（52％）とは差があった。

新興・途上国側の経済や人口の伸びを受けて、国際社会での力学も、おのずと変化が生じている。G20の持ち回り議長国は22年のインドネシア、23年のインド、24年のブラジル、25年は南アフリカとグローバルサウスの国が続くため、主導権を発揮しやすい局面ではある。

とはいえ、富裕層は東アジアや北米に多く、それぞれ800人以上、欧州には約500人いる。米国のバイデン政権は富裕層への増税を実現しようとしてきたが、実際の税率はそれぞれの国で個別に導入するべきだとの立場で、税収を国際的に再配分する議論を警戒している。実現に向けては様々なハードルがありそうだ。

## 多国間外交の重視

国連は1945年に発足した。当時の加盟国は51カ国、非常任理事国は11だった。旧植民地の独立や国家の分離によって、加盟国数は193カ国に増えた。安保理の非常任理事国の数は65年に発効した国連憲章改正に伴い6から10に増えた。それでも常任理事国の数は5(米国、英国、フランス、ロシア、中国)で変化がなく、拒否権を持っているのもこの5カ国だ。45年に終わった第2次世界大戦の戦勝国が依然として圧倒的に強い権限を有している。ブラジルは日本、ドイツ、インドと「G4」を構成して、国連での安全保障理事会の常任理事国入りを目指す。国連が創設60年の節目を迎える2005年に向けて、常任・非常任議席の両方を拡大することを求めて04年9月以降に活動が活発化した。この時期、ブラジルではルラが大統領を務めていた。

ブラジルは伝統的に多国間外交を重視している。この多国間主義の外交のはじまりは20世紀前半に外相を務めたルイ・バルボザに遡る。彼は1907年の第2回ハーグ平和会議の際に、常設仲裁裁判所を巡る議論で、国家間の平等を強く主張して、大国の横暴な姿勢を批判したという。

ブラジルが多国間外交を重視する中心には国連がある。ブラジルは2年ごとに入れ替わる非常任理事国をこれまで11回務め、12回の日本などと共に重要な役割を果たしてきている。毎年9月、国連総会の一般討論演説ではブラジル大統領がトップバッターとして登壇する慣行がある。その理由としては、米ソ冷戦のさなかに演説順で対立した際、両国が妥協したのがブラジルだったという説、安保理の常任理事国に選出されなかった代替などの説があるが、明確な理由は分かっていない。

ブラジルは49年の第4回国連総会で初めて最初の演説国となった後、50年の第5回、51年の第6回と3年連続で最初の演説国となり、いったん間があいて55年以降は再びブラジルが最初となった。米レーガン政権下の83年と84年には米国が最初となった例外もあったが、その後は基本的にブラジルが最初となる慣行が続いている。97年の総会で「演説順は『既存の伝統』に基づいて作る」と決議され、最初の演説国としてのブラジルの地位が固まった。

時計の針を、大統領選を2カ月後に控えた2022年8月22日に戻したい。ルラはこの日、サンパウロ中心部のホテルで外国人記者団と向き合っていた。私もその中のひとりだった。ルラは各国記者団からの様々なテーマについての質問に、よどみなく次々と答えていった。内政については連日報道で伝わる発言と同様だったが、珍しい発言もあった。1945年設立の国連について「より力を持つための改革が必要だ」と力説していたのだ。彼はこの時、安全保障理事会での常任理事国による拒否権の廃止と、新たに理事国を増やすことを目指すと言及した。理事国の候補国としてブラジル、メキシコ、南アフリカ、インド、ドイツ、日本という国名をあげた。ロシアによるウクライナ侵攻の話題がニュースの大半を占めていた時期だったこともあり、「国連が弱いから対立が起きる。他国の首脳と共に平和を求める」と話したのだ。

本題とは離れるが、この時のやり取りで印象に残っていることがある。ルラの陣営がこの日に参加した各国メディアから、1国につき少なくとも1社を選んで質問の機会を与えていたことだ。そのような「平等」の姿勢を打ち出そうとしていることは、3期目のルラ政権内の担当者とやり取りしていても感じる。会場はホテルの大広間だったので質問者がどこにいるか分からない時もあったが、ルラは挙手を求めるなどして必ず質問者がどこにいるかを確認して、目を合わせていた。記者の名前を繰り返す場面もあった。ルラの人心掌握術の一端を垣間見た印象を受けた。

### 米中間でのバランス外交

次に、ルラの外交の2つ目の特徴である米中間でのバランス外交をみていきたい。ブラジルにとって、現状の国際秩序の変化を求めるという意味では中国と共通する面もある。

ルラの外交方針

| | |
|---|---|
| 米国 | アマゾン保護で連携も |
| 中国 | BRICS中心に関係強化 |
| EU | メルコスルとEUのFTAに賛成 |
| ロシア | 経済制裁には動かず。肥料輸入で依存 |
| 日本 | 国連安保理入りを目指し協力 |
| 中南米 | 域内統合の推進。ベネズエラのマドゥロ政権と関係改善 |
| アフリカ | 「南南協力」を強化 |

BRICS各国と米国の関係

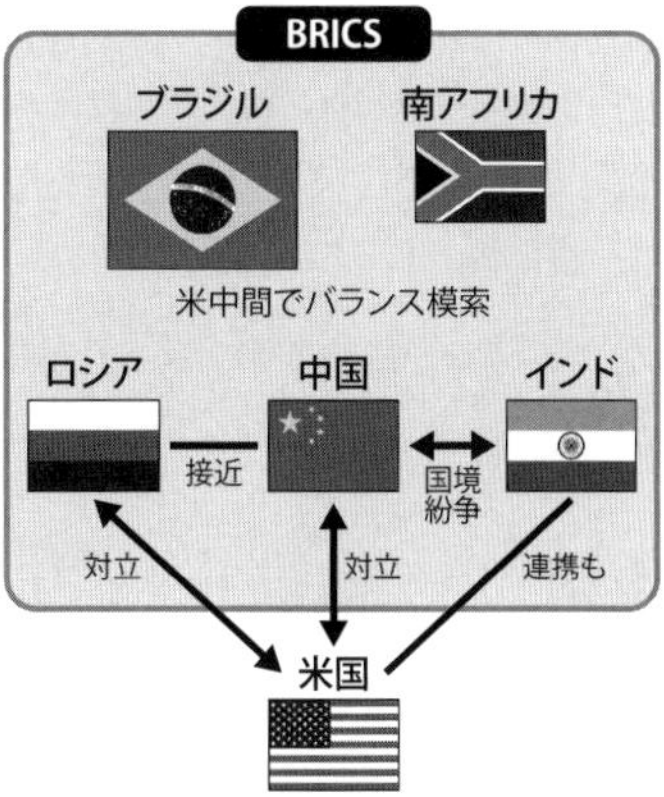

握手を交わすルラ（左）とバイデン（2023年2月、ホワイトハウス）

ただそれは、米国にとって代わって自身が軸となる国際秩序を作り上げたいという中国の考えとは異なる。ブラジルは米欧を中心とするいわゆる先進国の国際社会でのプレゼンスが大きすぎると考えている。中国に同調しているわけではないのだが、欧米と異なるスタンスを表明することによって、中国との距離の近さが浮き彫りになるということが頻繁に起こる。米中の間に立つという試みは決してうまくいっているわけではない。

ルラは3期目となる政権発足にあたって慎重に外交日程を組んだ。就任月である2023年1月にはまずは中南米カリブ海諸国共同体（CELAC）の首脳会議があった隣国のアルゼンチン、続いてウルグアイを訪問した。次に訪れたのは米国（2月）で、その後3月に中国という日程を組んだ。ルラの病気で実際の訪問は4月にずれ込んだが、「中国の前に米国」というのが大事だった。ルラは左派で、前回の任期中には中国との関係強化が進んだ。国際社会では中国寄りとみられている。それだけに、米国を先にした。

ルラが米国を訪問したのは23年2月上旬だった。前章でみたブラジリアでのボルソナロの支持者による三権襲撃事件が起きてからわずか1カ月後で、議会や大統領府、最高裁判所の窓ガラスや備品が壊される衝撃的な映像のイメージが色濃く残るタイミングだった。実はそれはブラジル・米国の両首脳にとって好都合でもあった。ルラとバイデンの政治的なライバルはボルソナロ、トランプだ。両氏はお互いにそれぞれの大統領選の選挙期間中に、明確な支持を表明していた。そして選挙後にそれぞれのライバルの支持者が議会襲撃事件を起こした。

バイデンは首脳会談の冒頭で「最近、両国の強力な民主主義が試されている。政治的な暴力を拒否する」と述べた。ルラは「米国や国際社会はブラジルの民主主義を信頼することが可能だ」と答え、民主主義の擁護や暴力行為を抑制する姿勢で一致した。ルラが米国の首都のワシントンに滞在している間、ボルソナロは依然として米フロリダ州で過ごしていた。ルラは、ボルソナロの米国からの退去を求めている米民主党のバーニー・サンダース上院議員やアレクサンドリア・オカシオコルテス下院議員と会い、労働組合の代表者とも会談した。ただ一般聴衆向けに演説せず、両国でビジネスに携わる経済界幹部との会談の機会もなかった。同行したのはたった4閣僚。露出は限定的で、乏しい成果にとどまった。

## 中国訪問

ルラの3期目で初めてとなる訪中は2023年4月で、中国寄りの姿勢が鮮明となる訪問だった。アダジ財務相、ビエイラ外相ら9閣僚が同行しており、訪米の際の2倍以上に相当する。ルラと習近平国家主席との間の首脳会談で、両政府は貿易・投資やデジタル、科学技術など15分野の2国間協力の文書に調印した。森林伐採監視のための衛星や半導体の分野でも協力を進めることを確認した。習が「高品質のブラジル製品がより多く中国市場に入ることを歓迎する」と述べると、ルラは「我々は中国と並外れた関係を築いており、それは日ごとにより強くなっている」と応じた。

ブラジルの有力紙フォリャ・ジ・サンパウロによると、ブラジル財務省は今回の協力文書などに基づく投資額を500億レアルと推計した。資源大手のヴァーレは中国の鉄鋼大手の宝山鋼鉄と脱炭素で協力する覚書を交わした。

中国の演出も巧みだった。北京での首脳会談前の歓迎式典で流れたのは、ブラジルの著名作曲家イバン・リンスの名曲「ノボテンポ（新時代）」だった。1980年に発表されたこの曲は、軍政から85年の民政移管に向けての時期、国民に親しまれていた。ルラは労働組合指導者として、民政に向けて行動していた時期だ。中国側は、中国に批判的だった

ブラジルの貿易に占める中国と米国の比率

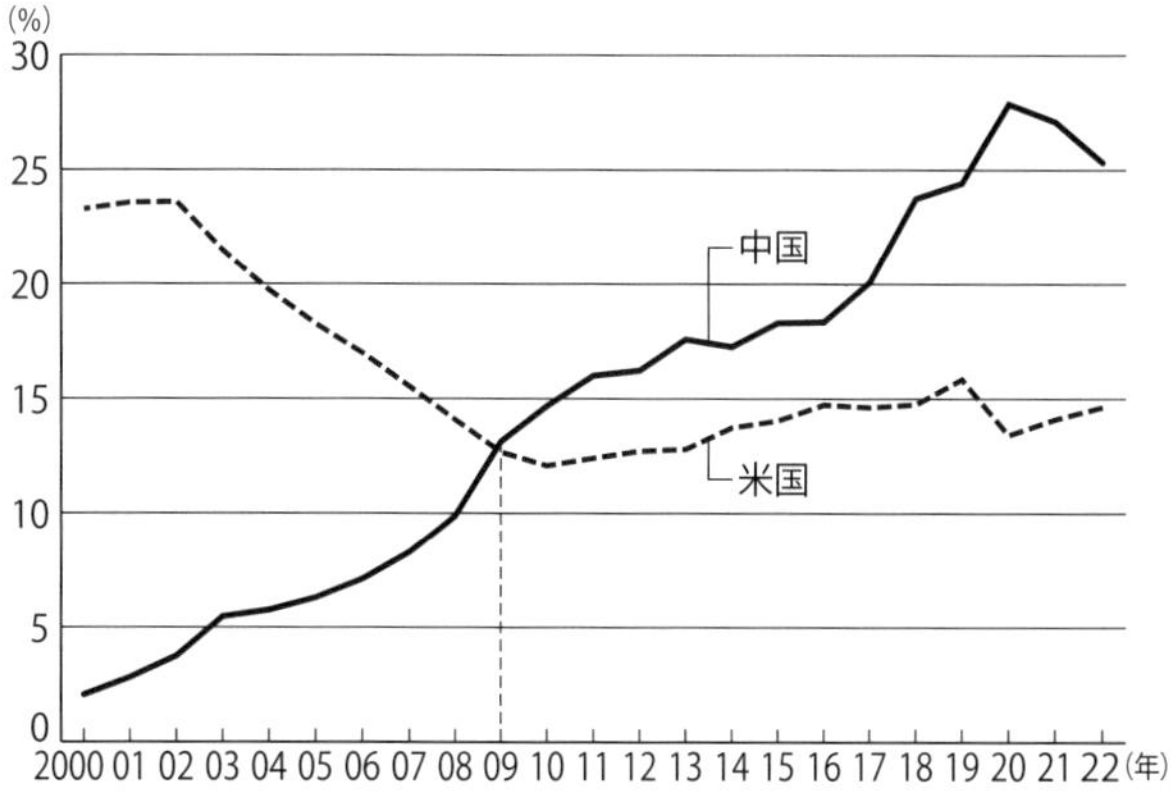


出所：ブラジル政府

中国向け輸出の内訳（2022年）

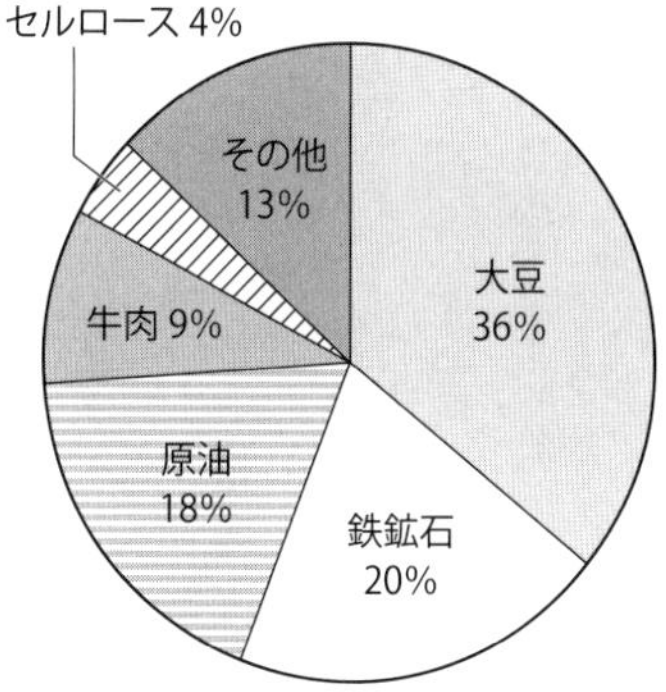


出所：ブラジル開発・工業・貿易省

右派のボルソナロ前大統領からの政権移行を象徴する曲として選んだ。

ブラジルと中国の関係はルラが大統領を務めていた２００３年からの２期８年の間に深化した。ブラジルの輸出先に占める中国の割合は03年には６・２％だったが、10年には15・３％となり、22年は26・８％となった。大豆や鉄鉱石、原油の輸出が７割を占め、資源や食料の供給元として重要な位置を占めている。一次産品価格が上昇する「コモディティー・スーパーサイクル」の需要を取り込んだ。

ルラは北京の前には上海を訪問している。そこでルラはブラジルに拠点を持つ中国企業を重点的に訪ね、経済面での連携を確認した。通信機器最大手の華為技術（ファーウェイ）、電気自動車（ＥＶ）大手の比亜迪（ＢＹＤ）、中国国有のインフラ建設大手である中国交通建設集団を相次いで訪れ、各社の会長や董事長《とうじちょう》（法人企業の責任者）と面会した。この訪問には、中国企業にブラジルでの投資や事業の拡大を直接要請する狙いがあった。

ルラは、ファーウェイの梁華会長との面会後には「（上海の）ファーウェイの研究施設を訪ね、（高速通信規格）『５Ｇ』や遠隔医療などのプレゼンテーションを受けた」とツイッターに投稿した。ファーウェイを巡っては、米国は安全保障上の理由から同社に輸出規制を課している。その状況を理解した上での訪問は、中国への配慮を窺わせた。ルラは「国際社会に対して、私たちは中国人との関係に偏見はないと伝えたい。ブラジルが中国と関係改善することを誰も禁止することはできない」と述べ、暗に米国をけん制しさえした。

## 中国との関係深化

ブラジルと中国は1974年に外交関係を樹立したが、90年代までは緊密とはいえなかった。両国は93年に戦略的パートナーシップを結び、2000年代の労働者党（PT）政権下で関係が深まっていった。中国は世界的に農産物や天然資源の買い手として存在感を増す中で、供給力があるブラジルと結びついていく。中国が米国を抜いて最大の貿易相手になったのは09年のことだ。12年に両国は2国間の関係を「グローバル戦略的パートナーシップ」に引き上げた。23年のルラの大統領就任式には王岐山国家副主席を派遣した。

中国は文化面では孔子学院をブラジル各地で建設してきて、中国語教育の普及や広報活動にとどまらず、中国企業への人材あっせんにもつなげている。東京外国語大学の舛方周一郎准教授によると、08年にサンパウロ州立大学に設けられたのが最初で、20年時点では国内各地で少なくとも11の大学が設置している。サンパウロ州立大では、奨学金制度の活用によって、10年から18年の間に428人の学生が提携先の湖北大学に留学したという。舛方は「中国をより理解し関係を構築できる新しい世代のブラジル人の育成に貢献している」と分析する。

ルラを代表とする労働者党政権下で中国との関係強化が進んだ経緯もあり、敵対するボルソナロは保守政治家として中国警戒論をとなえ、ブラジル国内での中国によるビジネス拡大を警戒していた。選挙戦中には、中国について「貿易では重要な取引相手だが、彼らはブラジルから買っているのではなく、ブラジルを買おうとしている」と警戒感を示した。ブラジル国内で送電網などのインフラへの中国の投資が増えていたことが念頭にあった。

発足時に起用したアラウジョ外相は対中強硬派の代表格で、三男のエドゥアルド・ボルソナロ下院議員は20年3月、新型コロナウイルスの感染拡大を中国の責任だとする内容の投稿をツイッターに書き込み、物議を醸したこともある。

ボルソナロは18年2月には台湾と日本を訪れた。中国を避けたアジア訪問だった。同年10月の大統領選に向けて、この時点では数多くの候補者のひとりだった。都内の飲食店であった会合で、ボルソナロの話を聞いた際には日本の教育システムを称賛していたことが印象に残っている。「日系人の知人は多く、日系人の恋人もいた」とも話していた。生まれはサンパウロ州で、近隣には日系人の集住地も多い場所だっただけに、日系人との関わりも多かったとみられる。

自身も周囲も、中国と距離を置きたいと考えているボルソナロでさえ、19年1月の就任後は中国批判を抑制した。聖心女子大学の高橋亮太非常勤講師は、貿易や投資での関係の深さに加えて、議会を牛耳るセントロン（中道連合）の存在によって実利主義的な対中政策への変更を迫られたと分析する。ボルソナロ政権は議会では少数派だった。議会の権力バランスが狂えば、弾劾手続きが進みかねない状況でもあったために、セントロンに配慮した。そのセントロンは「中国との経済関係から得られる利益を代表する農業族議員が多数所属している」ため、軌道修正が必要になったという理屈だ。

高橋はボルソナロ政権発足直前の18年12月から21年12月まで、ブラジリアの日本大使館で専門調査員として勤務した。多くの議員や関係者とも接触して、中国の政府や企業のブラジルでの動向を調べてきた。

例えば、李克強首相が15年にブラジルを訪問した際には、530億ドルの投資計画が発表になった。このうち、生産能力の拡大に向けた総額200億ドルの基金の運用実績は23年12月時点で皆無だという。高橋は「ブラジル側の実務者には中国側に対する不信感がある」とも指摘する。

## 米国の関心低下

ブラジルで中国の影響力が拡大した背景には米国の中南米への関心低下もあげられる。2001年9月の米同時多発テロ以降に米国の力点は中東に向かい、アジアで経済成長が進んだことで、中南米の存在感は相対的に下がった。1994年に始まった米州自由貿易協定（FTAA）交渉が、農業補助金の規律を巡って2004年に決裂したことも大きかった。

13年9月には米国家安全保障局（NSA）がルセフ大統領の電話や電子メールを傍受していたことが発覚した。米中央情報局（CIA）元職員のエドワード・スノーデンの情報に基づき、英紙ガーディアンのコラムニスト、グレン・グリーンワルドが、米政府がルセフや国営石油会社ペトロブラスの通信を傍受していたと報じたのだ。ルセフ大統領は同月に予定していた訪米を中止した。公表した声明文で「国の主権や個人の権利を侵しており、友好国の関係を構築できない」と、指摘した。

米シンクタンクのインターアメリカン・ダイアログによると、05〜19年の中国国有銀行による中南米地域への融資は年平均で91億ドルだった。米国の影響力が強い米州開発銀行（IDB）からは19年に融資と保証の合計で129億ドルだが、域内で中国の存在感が高まっているのは間違いない。

中国の経済的な進出に対して対抗することは容易ではない。南米ペルーの有力政治家であるフリオ・グスマンは、民主主義への理解を促進するように「人的な資源に投資すべきだ」と、米外交誌『フォーリン・アフェアーズ』（電子版）への寄稿（23年1月）で訴えている。

中国の影響力拡大を意識して、日本と米国はブラジルとの3カ国協議（JUSBE）を立ち上げ、20年11月には初の局長協議をブラジリアで開いた。自由、人権、民主主義、法の支配という共通の価値観に基づいて「自由で開かれた国際秩序を希求する」との共同声明を出したが、その後は停滞している。

## ウクライナでひと悶着

ルラの2023年4月の中国訪問に際しては、ロシアによるウクライナ侵攻を巡ってもひと悶着あった。ルラは中国滞在中の4月15日に「米国は戦争を助長するのをやめ、平和について話し始める必要がある」と語ったのだ。中国を離れてアラブ首長国連邦（UAE）に滞在していた時には「戦争は（ロシアとウクライナの）両国が始めた」と述べた。

ウクライナ問題については、ロシア寄りの中国と、明確に国際法違反を指摘しているブラジルの立場は相当に隔たりがある。にもかかわらず、ルラは前述の発言をした。ルラの発言については欧米から批判が相次いだ。米国家安全保障会議（NSC）のカービー戦略広報調整官は同17日、「ロシアと中国のプロパガンダをおうむ返しに言っている」と語った。欧州連合（EU）のスタノ報道官は、ウクライナへの援助は「正当な防衛」と指摘した。

ルラは欧米と敵対関係になることを志向してはいない。米国と中国の間に立ち、代表的な新興国の一角として国際舞台での存在感向上を狙っている。3期目最初の訪中ではボルソナロ前政権からの修正を鮮明にするため、中国寄りの行動を増やした側面もある。専門家の間では一段と中国に傾斜するのではなく、「西側との強い関係を引き続き保とうとする」（米調査会社ユーラシア・グループ）との見方が多い。

## G7広島サミットでの苦い経験

訪中からわずか1カ月後の2023年5月、ルラは今度は日本に向かった。主要7カ国首脳会議（G7広島サミット）に参加するためだった。招待国として参加したG7は、ブラジルにはほろ苦い結果となった。突然訪日したウクライナのゼレンスキー大統領との首脳会談が実現しなかったことで、ウクライナ情勢を巡って中国やロシア寄りという評判を強調する結果となってしまったためだ。

サミットが閉幕した翌日となる5月22日朝。ルラは広島市内のホテルで記者会見にのぞんだ。ゼレンスキーとの首脳会談は21日午後3時15分の予定で、ルラは「待っていた。先方から遅れると連絡があり、（先に）ベトナム（のチン首相）と会った。終わった後も、ウクライナがあらわれなかった。それが起きたことだ」と説明した。ブラジル側はその後も再度の調整に動いたようだ。ただゼレンスキーは21日夜に日本を離れる予定で、会談の設定はできなかった。

このルラの会見に先立つ21日、ゼレンスキーは会談が流れた理由を「日程上の都合」と説明し、「彼（ルラ）が失望したと思う」と言及していた。すれ違いの要因は明確にはなっていないが、両国間の距離の遠さが鮮明となる結果だった。サミットに参加した新興・途上国「グローバルサウス」の主要国首脳のなかで、ゼレンスキーと会談しなかったのはルラだけだった。

ブラジル有力紙エスタド・ジ・サンパウロは「ルラはG7のワナにはまった」と広島訪問を分析した。ウクライナ寄りであるG7側は「中立的な立場をとろうとするブラジル、インド、インドネシアに対してきついスカートをはかせた」と言及した。ゼレンスキーの突然の来日で招待国の身動きをとりにくくして、踏み絵を踏ませようとした状況を説明している。

ブラジルはロシアによるウクライナ侵攻を明確に「国際法違反」と指摘している。ロシアを非難した22年3月の国連総会決議に賛成したBRICSで唯一の国だ。ブラジルは経済制裁には参加していないとはいえ、中国はもちろん、インドや南アフリカよりもG7に近い立場にある。にもかかわらず、ウクライナとの首脳会談が実現しなかった結果、広島ではインドの方がG7との協調姿勢を目立たせる結果となった。ブラジルは「中立ではなく、（ロシアの）プーチン大統領に非常に近く見えた」（有力紙フォリャ・ジ・サンパウロ）。

ルラは広島訪問前の時点で、招待国の首脳としてG7に6回参加した経験がある。08年の北海道洞爺湖での会合にも加わっていた。G7への参加は広島が7回目となっただけに、ブラジル外務省幹部はサミット前、「招待国だけれども、今回広島を訪れる他のリーダーと比較しても、G7の経験は豊富だ。振る舞い方は分かっているはずだ」と述べていた。

ルラがサミットに最後に参加したのは09年だった。当時はロシアもメンバーの一角でG8の時代だ。14年のロシアのクリミア半島への侵攻、米国と中国の貿易戦争の前で、先進国と中国やロシアが同じ土俵で議論する機会は多かった。そこから国際社会の構図は大きく変わった。だがルラやその側近は「前回大統領を務めた際の感覚から抜け切れていない。中ロへの対抗姿勢で結束が強まっているG7内の変化を十分には認識できていない」。日本とブラジルの両国の外交関係者は口をそろえる。

**「ジェノサイドだ」**

2023年10月にはパレスチナ自治区ガザを実効支配するイスラム組織ハマスが突如、イスラエルへの攻撃を開始した。イスラエル側は激しい空爆で応酬した。ロシアによるウクライナ侵攻に加え、国際社会は2つの大きな紛争に直面することになった。ルラはこの中東情勢を巡っても、波紋を広げる発言をした。

ルラはアフリカ歴訪中だった24年2月18日、イスラエルによるパレスチナ自治区ガザへの侵攻を「ジェノサイド（民族大量虐殺）だ」と批判し、「ガザでパレスチナの人々に起きていることは歴史上にはなかった。いや、ヒトラーがユダヤ人殺害を決めた時にあった」と述べた。

これに対して、イスラエルは猛反発した。イスラエル政府は翌19日には、駐イスラエルのブラジル大使をホロコースト記念館に呼び出して厳重に抗議した。イスラエルのカッツ外相はルラを「ペルソナ・ノン・グラータ（好ましからざる人物）だ」と表現して発言の撤回を求めた。ネタニヤフ首相も「ブラジル大統領の言葉は恥ずべきで、深刻だ。イスラエルをナチスのホロコーストやヒトラーと比べることは、越えてはならない一線を越えている」とルラを強く批判した。

ブラジル訪問中だったブリンケン米国務長官も、ルラに対して、「明確に同意しない」と伝えた。ルラとブリンケンの会談は首都ブラジリアで2時間弱行われてパレスチナ国家樹立の必要性について合意したものの、亀裂の方が目立った結果となった。

イスラエルの強硬姿勢に対して、ブラジル側は再度反論した。ビエイラ外相は20日、イスラエルの抗議について「ネタニヤフ政権の言葉は受け入れられない」と述べ、カッツ外相の演説などが「きたなく、無責任な言葉を用いた。イスラエル外交史の恥ずべき一ページだ」と言及した上で「国内政治に利用しようとしている」と批判した。イスラエル側が求めているルラの発言撤回については「ガザで起きている虐殺について、発言を撤回したり、否定したりすることはできない。起きたことを存在しなかったとは言えないのではないか」と語った。

ビエイラがこのように発言したのは、リオデジャネイロ市内のヨットハーバーでのことだった。翌21日に開幕する20カ国・地域（G20）外相会合の会場だ。私の所属する日本経済新聞社とロイター通信、ブルームバーグ通信の外国メディア3社の共同取材に応じて、ビエイラが声明を読み上げた。ビエイラは議長国として各国を取りまとめる立場にありながら、火種の当事者になっていた。

私の元には、ブラジル外務省の報道担当部署から、前日19日時点でビエイラとのインタビューが実現する可能性があると連絡が来ていた。具体的には何時になるか分からないものの、少なくとも午後2時には想定場所で待機するようにとのメッセージが携帯電話に届いていた。最終的にビエイラと面会できたのは午後7時前だった。この日会場内で実施していた複数の2国間の外相会合をこなす合間に、イスラエルに対してどのような表現で再度反論するかを内部で慎重に検討していた形跡があった。

## 新興国との連携重視

ルラ外交の３つ目の特徴は、中南米やアフリカを中心に新興国との連携を重視していることだ。３期目開始後、最初の訪問先は隣国アルゼンチンで、米国とカナダを除く米州の33カ国が加わる中南米カリブ海諸国共同体（ＣＥＬＡＣ）の首脳会議だった。ブラジルが中南米のリーダーであることを象徴的に示す狙いがあった。

「復帰を祝う盛大な拍手を。ブラジルがいないＣＥＬＡＣは空白のＣＥＬＡＣだった」。23年1月24日の首脳会議で、議長を務めたアルゼンチンのフェルナンデス大統領はこう呼びかけた。ルラは演説で「ここに戻り協力できることは大きな喜びだ」と述べた。ルラは「我々は力をあわせて設備やデジタルのインフラを改善し、地域でイノベーションへの投資を進める必要がある」と語った。

ＣＥＬＡＣはベネズエラの反米左派、故チャベス前大統領が主導して２０１１年12月に発足し、域内の課題を協力して解決することを目指す。本部はなく、首脳会議開催国が議長を務める。米州には米ワシントンが拠点の米州機構（ＯＡＳ）もあるが、米国主導の色彩が強いため、キューバなどが反発してきた。

中南米では19年以降、主要国で左派政権の誕生が相次いだ。19年のアルゼンチン、22年のチリやコロンビアなどが代表例だ。この列に加わったのが23年のブラジルだった。右派のボルソナロ前大統領が20年1月にCELACには参加しない考えを示していた。左派のルラは方針を転換して、首脳会議に復帰した。ルラが中南米全体の結束の誇示を狙ったのが、この会合だった。

## アフリカとは「南南協力」

ルラは2003年からの2期8年の任期で毎年アフリカを訪問した。訪れた国の数は延べ30カ国に及ぶ。任期の8年間には37の新しい在外公館（大使館や領事館）を設けているが、このうち16カ所がアフリカだった。ブラジルと同じようにポルトガル語が公用語であるアンゴラ、カーボベルデ、ギニアビサウ、赤道ギニア、モザンビーク、サントメプリンシペとの関係は特に重視している。新興国同士が資金や人材で連携する「南南協力」を強化するという意向もたびたび政府内から伝わってくる。

ルラ外交は国内にとっては外務省の復権も意味する。どういうことか。ブラジル外交は外務省が担い、伝統的に「全方位、多国間交渉を重視してきた」（ルーベンス・リクペロ元駐米大使）。03年から8年間のルラの外交もその立場で、発展途上国との連携に重きを置いていた。

ボルソナロの外交姿勢は異なっていた。新興国や途上国よりも先進国との関係を優先し、米欧や日本との関係に重きを置いていた。特にトランプ前米大統領への親近感を隠さなかった。一方で中国とは距離をとり、新型コロナ禍では中国製ワクチンの輸入も渋った。

ボルソナロは外務省の秩序も打破した。政権が発足した19年1月、外相にエルネスト・アラウジョを起用した。彼は1990年に外務省に入った官僚だ。大統領選の最中に個人のブログでボルソナロの支持を呼びかけた異色の存在で、ボルソナロから抜擢された。必然的に、外務省の論理からは外れた人事となった。

アラウジョは対中国強硬姿勢でも知られた。2021年3月に辞任に追い込まれた際には、高速通信規格「5G」での中国メーカー製品の採用を巡り、親中派の議員から圧力を受けたことを示唆していた。

ブラジルで外務省は通称「イタマラチ」と呼ばれている。かつてリオデジャネイロにあった外務省の建物が「イタマラチ宮殿」と呼ばれており、首都がブラジリアに移った後も名称は引き継がれたのだ。外務省の職員はエリート中のエリートがそろう。祖父や父も外務省勤務で自身は3世という人材も決して珍しくはない。13〜18年に日本大使を務めたアンドレ・コヘアドラゴもその一例だ。

ブラジルでは閣僚には政治家の任用が圧倒的に多い。政党が乱立している現状では、閣僚ポストと引き換えに、法案への支持を得るのが一般的だ。その中で、外相だけは少し肌合いが異なる。有力外務官僚が次官や駐米大使を経験した後に外相を務めるケースが多い。その典型例がセルソ・アモリンで、2度外相を務め、いまは大統領特別顧問としてルラの側近中の側近だ。

そのアモリンは外相を務めていた当時、08年1月発行の『経済界』の取材に応じた。集団移民100年の節目でブラジルの特集を組んだ同誌に対して「21世紀における一国の存立というのは孤立しては絶対にいけないということです。そしてそれはパートナーを多様化することによって初めて得られると思います。ほんの一例ですが、私は1987年に科学技術庁にいた時、NECのスーパーコンピューターを導入しました。IBMが良くなったということではなく、多様化するために」選択したと答えている。

ルラは2023年2月に米首都ワシントンを訪問して、バイデン大統領と会談した。この会談にはアモリン、ビエイラ外相が同行していた。ルラは会談後、ホワイトハウス内で記者団のぶら下がり取材に応じた。ルラにより近い場所にいたのはアモリンで、ビエイラは少し離れた場所にいた。アモリンは外相を超える存在として、いまもブラジル外交の最前線に立っている。

キーパーソン

## セルソ・アモリン Celso Amorim

大統領特別顧問
１９４２年６月３日生まれ

2022年９月、サンパウロ

## ルラ政権の外交を一手に担う「政権の重し役」

たっぷり蓄えた白いひげが印象的で、まさに好々爺《こうこうや》といった印象を受ける。縁側が似合いそうな風貌だが、いまだに現役で外交の最前線を担う。２０２３年にはロシアのプーチン大統領やウクライナのゼレンスキー大統領、２０２４年には中国の王毅《ワン・イー》外相とも直接面会した。３期目のルラ政権で要職を担っている人物では唯一、ルラよりも年上で、重し役も果たしている。

外相には、自身が外相だった時に大臣室長を任せた「門下生」のマウロ・ビエイラを起用している。通常の外交は任せるが、自身も世界各地を渡り歩いており、ルラにかわって外交の露払い役を務めている局面が目立つ。

サンパウロ州の港湾都市サントスで生まれた。学生時代には反軍政の抗議活動に参加してきた。ある外交筋は「ルラよりも左派的な思考が強い」と分析する。農民と資本家の対立を描いた『怒りの葡萄《ぶどう》』（1940年、ジョン・フォード監督。原作は米作家ジョン・スタインベック）や『乾いた人生』（63年、ネルソン・ペレイラ・ドス・サントス監督）といった映画に親しんでいた。

65年に外交官養成学校であるリオ・ブランコを卒業して外務省に入省。ロンドンの駐英大使館、米首都ワシントンでの米州機構（OAS）での勤務を経て、通商や科学技術を巡る国際交渉の分野で経験を積んだ。文化局長、経済局長を経て、93年に外務次官に昇進した。

フランコ政権で初めて外相（93〜94年）を務めた後は国連大使（95〜99年）、在ジュネーブの政府代表部大使、駐英大使を歴任した。国連大使の任期中である98〜99年はブラジルが安保理の非常任理事国を務めていた。コソボやユーゴスラビア、イラクを巡る問題への対処で主導的な役割を果たし、この際に世界中の要人とのネットワークを構築したことが「いまも役立っている」と私に明かした。

1期目のルラ政権が発足した2003年1月に2度目の外相につき、ルラの任期と同じ8年間を全うした。09年には米外交誌『フォーリン・ポリシー』で「世界で最も優れた外相」と評された。ルラの後任だったルセフ政権の11～14年には国防相を務めた。ルラの所属政党である左派の労働者党（PT）が下野した後、ルラが汚職の罪に問われた際にも関係を切ることはなかった。ルラが収監されていたクリチバ（パラナ州）の連邦警察を度々訪れて、ルラを励まして、意見交換を繰り返していた。22年の大統領選の選挙期間中も、重要な集会やイベントの際は、常にルラの横に寄り添っていた。

22年9月、サンパウロ市内の親族宅でアモリンを取材した。インタビューの最中には「ここまではルラとしっかり話せている。ただこれ以上はルラとは調整できていないからあくまで私の考えだ」という発言を繰り返して、関係の深さを感じた。

国際社会の秩序については、第2次世界大戦後の基盤となった「サンフランシスコ講和条約や（国際通貨基金・世界銀行中心の）ブレトンウッズ体制に代わる新たな仕組みが必要だ」と述べ、改革が不可欠だとの考えを示した。国連改革を巡っては、安全保障理事会における理事国の増加と自国の常任理事国入りをめざすブラジルや日本のG4の枠組みで「引き続き活動すべきだ」と主張した。同時に、常任理事国の枠を増やしたうえでアフリカから2カ国を加える案にも言及した。常任理事国による拒否権については「好ましくない」と話した。

新興5カ国のBRICSの枠組み拡大にも前向きで、その理由として「経済的に中国の規模が突出しているので、（新たな国の加盟によって）ＢＲＩＣＳ内でバランスがとれる」との考えを示していた。

政治・経済交流の活発化には、文化や芸術の交流も欠かせないとのモットーを大事にしている。１９７９～82年にはブラジル映画公社総裁を務めていた。映画には造詣が深く、日系2世の女性監督チズカ・ヤマザキとも交流がある。息子のビセンチ・アモリンは映画監督として活躍しており、２０１２年には『汚れた心』を公開した。第2次世界大戦の結果を巡って日系ブラジル人が「勝ち組」と「負け組」に分かれて対立した実話をもとに描く物語だ。

熱帯雨林アマゾンで暮らす人々（2023年、マナウス近郊）

# 第3章【環境】熱帯雨林アマゾンの保護
## ——国際交渉の最前線

## ブラジルを象徴する風景

アマゾン川とその流域に広がる熱帯雨林はブラジルを象徴する風景だ。川岸から眺めても対岸をのぞめない場所も多く、幅の小さい川になれている日本人は海だと錯覚してしまう。熱帯雨林のほんの入り口に触れるトレッキングでさえ、様々な種類の猿や蛇、ワニに出くわすのはそれほど難しいわけではない。鋭い歯で知られるピラニア釣りも楽しめる。

アマゾン川の全長は約7000キロメートルで、1000を超える大小様々な支流が流れ込んでいる。中流域の本流ソリモンエス川と支流のネグロ川が合流する地点が北部マナウス（アマゾナス州）近くにある。2つの川はしばらくの間、混じり合わずに2色になっている景色をみることが可能だ。黄土色のソリモンエス川は黒いネグロ川に比べて、水温が低く、流れも速い。溶け込むには時間がかかるのだ。観光名所のひとつとして知られる。

アマゾン川の流域面積は約700万平方キロメートルで、世界中の河川の総流量の約2割を占めている。河川の総称がアマゾン川で、流域の熱帯雨林は南米大陸の9カ国・地域に広がる。そのうち最大の国がブラジルで面積全体の63％を占める。ブラジルが「法定アマゾン」として定めている行政区画の面積は522万平方キロメートルで、国土面積の61％にも及んでいる。こうした数字を並べてみると、「ブラジルはアマゾン」と言い換えても、

アマゾン川は海のように大きい（2023年４月、マナウス近郊）

川の中ほどがくっきり２色に分かれている（同上）

アマゾン川に浮かぶ小型船用のガソリンスタンド（2023年4月、マナウス近郊）

それほど極端な言い方ではないと思えてくる。

アマゾン川は川自体が街の様相を呈している。観光する場合、最も一般的な拠点はマナウスとなる。街にある河川港から、船で数時間程度のところに建てられた観光客向けのホテルに泊まって、数日間の熱帯雨林体験をするのが通例だ。そのホテルに向かう間だけでも、水辺に建つ住居だけでなく、小型船向けの給油所（ガソリンスタンド）、ちょっとした食事ができるレストラン、飲料水やお菓子を購入できる売店、貸別荘などが川の上に浮島のように漂っているのが見える。流域に住む住民は小型エンジンをつけた小さな船でこうした場所を行き来している。川は住民にとって、食料を確保するために釣りをする食料庫であり、泳ぐための遊び場でもあり、親戚が住む場所と行き来するための通路ともいえる。時に応じて様々な役割を兼ねているのだ。

観光客の中にはアマゾン川での魚釣りを楽しもうと訪れる人も多い。開高健は著書『オーパ！』（集英社文庫）で、アマゾン川での釣りの楽しみを余すところなく伝えている。私は23年４月、巨大淡水魚ピラルクのヒキを楽しめる生け簀《いす》がマナウス近くにあると聞いて訪れた。これも川の真ん中に浮いている。

「急にひいちゃダメですよ。ゆっくり食いつかせて泳がせてください」。地元出身の観光ガイドのアンジェロの注意を聞いて、エサとなる小さな魚をひもで結びつけただけのサオを生け簀の表面に垂らすと、巨大魚がものすごい勢いでエサに食いついてきた。うまくピラルクの姿を水面に引き上げられれば御の字。実際に釣り上げることはできない。ピラルクがエサを食いちぎるまでの数秒間、その強いヒキの感触を楽しむ仕組みだ。子供の力ならば、水の中に引っ張られてしまうぐらいのパワーを感じた。

値段は貸し出しのサオとエサの魚３匹で10レアルだ。生け簀はピラルクの重量に応じて、20～30キログラム用、90キログラム程度用の２種類に分かれている。サイズが小さい方でも十分に食いつきの強さを感じられる。野生で大きい場合は体長３メートル、重さは２００キログラムを超えるといわれ、川釣りの場合はしっかりとした装備でないと太刀打ちできないのが実感できる。

ピラルクは食用でもあり、フライやシチューとして地元住民の間では親しまれている。タラに代表されるような白身の海水魚に似た味だ。サンパウロやリオデジャネイロといった大都市のレストランでも食材として人気がある。

固いうろこは1枚35レアルで販売されていた。装飾品やキーホルダーなどの材料としても重宝されており、土産物となっている。アマゾン川を代表する巨大魚ピラルクの「活用」の幅は広い。

## 低下する温暖化ガス吸収力

世界中で伝えられている気候変動の一端はアマゾンでも見られる。２０２３年10月にはマナウスの河川港の水位が13・５９メートルと、１９０２年に観測が始まってから、最も低い水準となった。２０２３年7～9月の降水量が１９８０年以降で最も少なかった影響だった。アマゾン川に生息する稀少生物のイルカは１００頭以上死んだと報告されていた。水位が低すぎるために船は川の行き来ができなくなり、地元住民が必要とする食糧や飲料水の運搬に影響が出た。ホテルは観光客の受け入れができず、経済への打撃も出ていた。

アマゾンの熱帯雨林は大量の温暖化ガスを吸収し、酸素を生み出す役割を果たしてきたが、その森林でも二酸化炭素（ＣＯ２）の吸収、貯蔵量が落ち込んでいる。２０２１年４

**熱帯雨林アマゾンの消失面積**

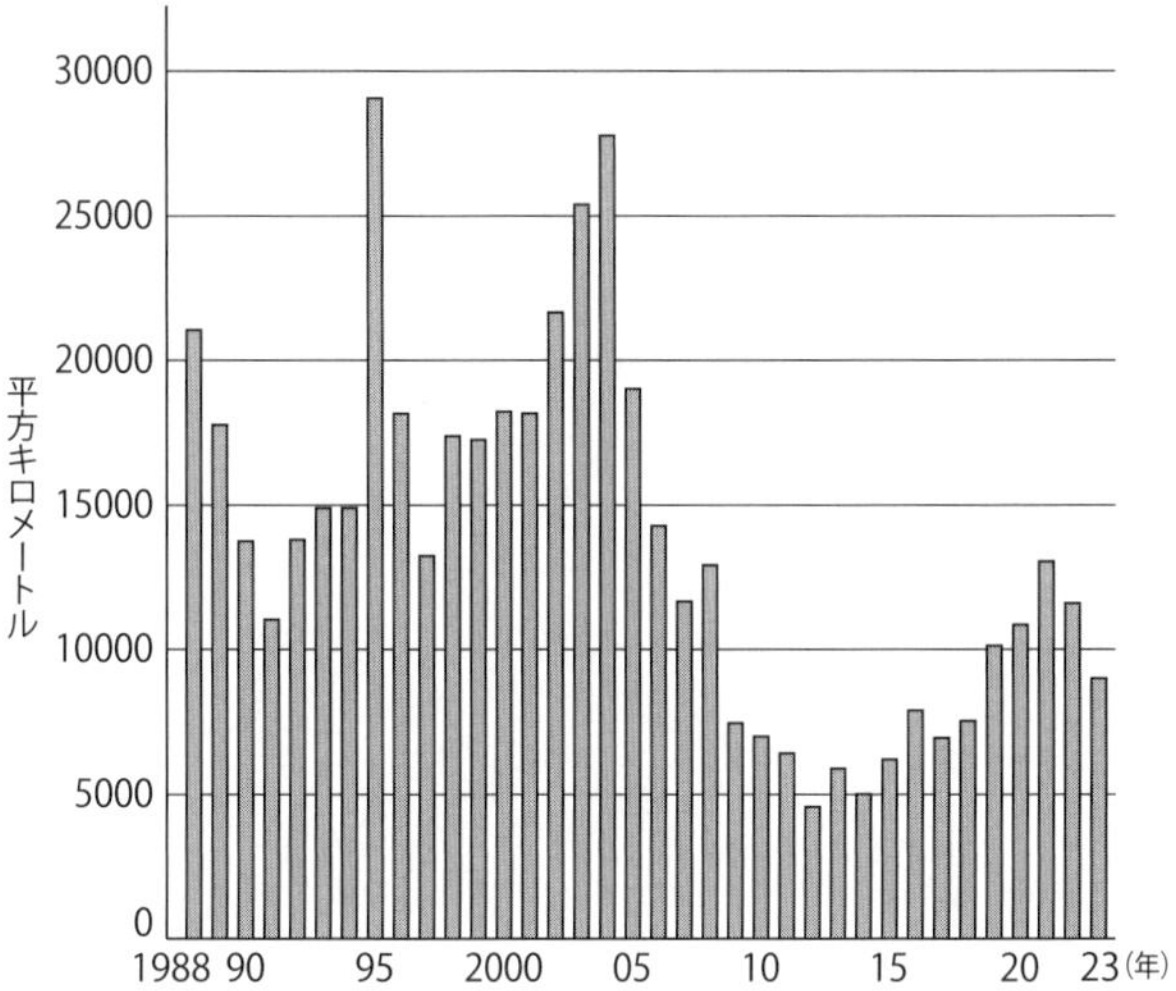


※前年８月～当年７月の記録
出所：ブラジル国立宇宙研究所（INPE）

月に英科学誌『ネイチャー・クライメート・チェンジ』が掲載した欧米の大学の研究共同チームによる論文では、10〜19年にブラジルのアマゾン熱帯雨林で二酸化炭素の吸収量が１３９億トンだった一方で排出量は１６６億トンと、排出量が上回ったことを示している。

ブラジル国立宇宙研究所（ＩＮＰＥ）によると、21年７月までの１年間の熱帯雨林アマゾンの消失面積は推定１万３２３５平方キロメートルだった。20年７月までの１年間に比べて22％増え、06年７月までの１年間（１万４２８６平方キロメートル）以来の大きな消失を記録した。前年度の水準を上回るのは4年連続だった。これはちょうど19年1月に就任した右派ボルソナロ大統領の任期と重なる。温度上昇による森林火災や農牧地開発のための違法伐採が増加の背景だ。

ブラジルの環境団体オブセルバトリオ・ド・クリマはボルソナロ政権にその責任の一端があると指摘する。同団体は22年2月、違法な森林伐採の監視予算が21年は41％しか執行されなかったとの分析を公表した。ブラジル環境・再生可能天然資源院（IBAMA）の21年の環境監視の予算は2億1942万レアルだったが、実際には8898万レアルしか活用されていなかった。官公庁の予算では次年度に繰り越される部分もあるが、ボルソナロ政権以前の3年間は予算の執行率は86〜92％だったという。環境団体は「財源はあったが、実行の意思がなかった」と批判した。

ボルソナロ政権は、中央部に広がるサバンナ「セラード」地域での森林破壊の監視も22年4月には停止した。セラードは熱帯雨林のアマゾンに隣接しており、世界でも有数の生物多様性を誇ることで知られる。INPEが監視を担当しており、活動を続けるには年間250万レアルの予算が必要だという。

INPEによると、セラード地域では21年7月までの1年間に、8531平方キロメートルの破壊が進んだ。前年と比べて8％増えており、15年以来の多い水準となった。火災や農牧地開発のための違法伐採が響いている。

INPEの研究者であるクラウディオ・アルメイダはロイター通信の取材に対して、今後新たな資金の供給が得られない場合には、こうした破壊面積の算出が難しくなるとの見通しを示した。環境団体のレインフォレスト財団ノルウェー（RFN）は「セラードの監視を中止することは、ボルソナロ政権による環境保護に対する新たな後退だ」と批判した。

## 大規模農業事業者とボルソナロの結びつき

ボルソナロは森林の開発による経済振興を擁護しており、環境保護には消極的な姿勢だった。木を切り倒して畜産や農業に取り組む大規模農業事業者はボルソナロを支持していたからだ。ボルソナロは2019年8月には森林火災の増加を巡って「非政府組織（NGO）の職員はブラジル政府にダメージを与えるため、犯罪を行っているかもしれない」と述べ、人為的な火災の可能性を示唆した。INPEによると、19年に入り、アマゾンでの火災発生件数は7万件を超え、前年を80％上回っているとの数字が出たタイミングでの発言だった。

ボルソナロと大規模農業事業者の結びつきを象徴する出来事が22年9月7日にあった。ブラジルはこの日、1822年のポルトガルからの独立200年の節目を迎えた。独立記

農業車両が加わった独立記念日のパレード（2022年９月７日、ブラジリア）

念日のパレードに陸軍や警察の車両、空軍の飛行機が参加するのは例年と同じだが、この年はトラクターなど農業用の車両も加わったのだ。ボルソナロが自身の支持基盤を考慮した結果で、異例のパレードとなった。

ボルソナロのこうした環境軽視の姿勢は国際社会からの非難を呼んだ。特にフランスのマクロン大統領による批判が目立った。マクロンはアマゾンを「地球の肺」と捉えていた。「国際的な危機で、主要７カ国首脳会議（Ｇ７サミット）で議論しなくてはいけない」と訴えた。「ブラジル国民が職務にふさわしい大統領を得られるよう願うばかりだ」とも発言した。

これに対してボルソナロは「アマゾンは（ブラジル）国民のもの。当事国（ブラジル）を除いてＧ７で議論しても植民地主義の見当違いの考え方を呼び起こすだけだ」と非難した。「マクロンは私への侮辱を取り下げなければならない」と反発した。ボルソナロはSNSで、マクロンの妻であるブリジット夫人を嘲笑するような書き込みもして、関係は極度に悪化していた。

これに対して欧米では、ブラジル製の衣料や靴の不買運動が起きた。「ティンバーランド」や「バンズ」など18のブランドが、ブラジル企業への発注を停止したと報じられた。フランスの金融大手BNPパリバは2021年2月、森林破壊に加担する企業への投融資をやめると発表した。08年よりも後に森林から転換が進んだ場所を拠点に、牛肉や大豆の生産にかかわる農家や加工業者、流通企業がその対象となった。「ブラジルで農業部門に融資している金融機関は森林破壊に立ち向かわなければならない」と説明した。

## EUとの進まない交渉

ブラジルとフランスの対立が深まっていたこの時期、両国がそれぞれ加わっている南米南部共同市場（メルコスル）と欧州連合（EU）は自由貿易協定（FTA）の交渉を進めていた。ボルソナロとマクロンの関係が悪化する直前の2019年6月、両地域はFTAを進めることで政治合意していた。だが、その先には全く進まなくなってしまったのだ。

この時期、ボルソナロ政権は環境保護に消極的だったのは間違いない。18年の大統領選の最中には「先住民の土地や環境保護政策が開発の邪魔になっている」と発言した。政権発足後は、アマゾン地域での土地売買や農地開発を容易にする規制緩和に動こうとしていたからだ。

ただこの対立は「欧州＝環境保護に積極的」というほど単純ではない。仮に両地域のＦＴＡが批准されれば、南米から欧州には農産物の流入増が予想される。欧州域内で農業国のフランスは「そもそもＦＴＡに後ろ向き」（ブラジル中央銀行のカルロス・ランゴニ元総裁）といえる。ブラジル側の当局者は、フランスが環境保護を理由にして少しでも協定の締結を遅らせたいという思惑があると考えていた。ブラジル以外のメルコスル加盟国も同様の見方だった。

ＥＵは21年11月、不適切な森林保護対策をしている地域からの食品や木材の輸入を事実上禁止できるよう制度改正案を公表した。20年以降に森林の伐採や劣化が進んだ地域で生産されたものではないことの証明を義務づけたのだ。大豆や牛肉、パーム油、コーヒーなどが対象になる。ＥＵの購買力に物を言わせ、生産国に対して環境保護の強化を迫った形だった。

当時ブラジルの外相を務めていたのはカルロス・フランサだった。キャリア外交官で、外務省や大統領府で儀典長を務め、21年3月に外相についていた。フランサは英フィナンシャル・タイムズ（ＦＴ）の取材に「環境を保護貿易の一形態として利用することは受け入れられない。消費者と貿易の流れに良くない。ＥＵは近視眼的だ」と語った。同時にフランス政府に対しては「農家を支援する内政的な理由があることは理解している。だが補助金の支給は環境の観点からは正しくない。土地と水は稀少な資源であり、非効率に運用すれば持続不可能となる」と言及した。

先進国はかつて、自国や途上国で、多くの森林を切り開いて農地や工業用地に転換してきた歴史的な経緯がある。それが今になって、ブラジルや途上国に対して「国際社会全体を考慮して開発を控えてほしい」という論理は説得力があるとは思えない。ただ現実問題として気候変動による環境への負荷は高まっており、国際社会全体がこの課題に協力して立ち向かわなければならないのは当然だ。それだけに、交渉は一筋縄ではいかない。

**フランスとの関係修復へ**

ルラ大統領は環境問題やアマゾンとどのように向き合っているのだろうか。象徴的な演説が２０２３年６月にあった。場所はパリでエッフェル塔の前だった。ルラは「過去２００年間で地球を汚染したのは産業革命を起こした人々だ。ゆえに、（先進国は）地球に対する歴史的な債務を返済しなければならない」と述べた。発展途上国などが森林保全を果たすための資金を先進国に対して求めている。ここまでであれば、ボルソナロに似通った立場となるが、ルラは「アマゾンはブラジル主権の領土ではあるが、同時に全人類のものでもある。だからこそ、我々は森林保全のためにあらゆる努力を払う」と続けた。

マクロンは24年3月にブラジルを訪問した。ルラは北部アマゾン地域のパラ州、軍事協力が進んでいるリオデジャネイロ州の海軍基地、首都ブラジリアと3カ所に同行して歓待した。両首脳ともボルソナロ政権下で冷え込んだ関係の改善を演出する思惑があった。SNSでは、両氏がパラ州で手を取り合っての撮影が、結婚式の仲むつまじい様子を捉えた写真のようだと話題になった。こうしたSNSでの反応を受けてマクロンはフランス帰国後に「私のブラジル訪問の写真を、結婚式の写真と比較する人もいる。その通りだと伝えたい。フランスはブラジルを愛している。ブラジルもフランスを愛している」と投稿した。

ただこうした協調はあくまで表面上の話だ。マクロンはサンパウロで両国の財界人に対しては、EUとメルコスルのFTA交渉について「両地域にとって非常に悪い取引だ」とはっきりと発言した。執筆時点（24年8月）で交渉の行方について変化の兆しは全くない。

ルラは選挙戦の最中から環境保護を前面に出してきた。それは政敵のボルソナロとの違いを演出しようとしてきたからだ。22年5月、大統領選に向けた立候補を正式に表明した集会の演説では「現（ボルソナロ）政権はアマゾンを荒廃させている」と述べた。ボルソナロとの違いを鮮明にするだけではなく、国際社会からの支持を受けやすいという環境保護政策の利点を活用したいとの思惑が当然ある。

だからこそ、22年10月の選挙で当選を決めた後、就任前の最初の外遊はエジプトでの第27回国連気候変動枠組み条約締約国会議（COP27）に出席することだった。この場で25年のCOP30のブラジルへの招致を表明したのも、ボルソナロ政権との違いを非常に分かりやすく示していた。ルラは演説で「森林破壊と生態系の縮小を食い止めるためにはどんなことでもする。ブラジルは健やかな地球への変化のための努力に再び加わる」と話し、変化をアピールした。環境重視は国内的なコストをかけずに、国際社会から注目を集めやすい利点がある。

23年1月の政権発足時に、環境活動家として知られるマリナ・シルバを環境分野を担当する閣僚に起用し、省庁名を環境・気候変動省に改称したのも巧みだった。シルバはルラ政権1期目の03年に環境相に就任し、森林破壊の削減に力を振るってきた実績で国際社会にも知られているからだ。08年にはルラとはダム建設を巡っていったんたもとを分かった過去があるものの、再びタッグを組むことになった。

## ルラ政権が取り組むアマゾン保護

ルラ政権下では、違法伐採や森林火災の監視強化が進み、成果はほどなく出始めた。INPEがまとめているブラジル国内のアマゾン熱帯雨林の消失面積は、2022年8月からの1年間で9001平方キロメートルとなった。前年度に比べて消失した広さは22％減り、18年（7536平方キロメートル）以来の低い水準となった。環境保護に消極的だった右派のボルソナロ前大統領が就任した19年から22年まで年間1万平方キロメートルを上回る消失が続いていた状況からの転換は鮮明だった。

ブラジルは環境分野の国際会議で影響力を行使してきた歴史がある。1992年のリオデジャネイロでの国連環境開発会議（地球サミット）では国連気候変動枠組み条約が採択された。この条約に基づいて95年からCOPが毎年開催されることになった。この地球サミットでは、当時12歳だった日系カナダ人のセバン・スズキが「どのように直すかわからないものを壊し続けるのは、もうやめて」とスピーチして注目を集めた。その20年後の2012年6月には同じリオデジャネイロで国連持続可能な開発会議（リオ＋20）が開かれた。私自身が初めて海外でカバーした主要な国際会議だった。このリオ＋20では「持続可能な開発目標（SDGs）」を策定することで合意した。

SDGsは15年に終了した国連のミレニアム開発目標（MDGs）の後継と位置づけられた。MDGsは極度の貧困や飢餓など主に途上国を対象として取り組んできたが、SDGsは先進国も含む共通の目標として、いまも重要な役割を果たしている。

ブラジルは23年8月には、南米の熱帯雨林アマゾンの周辺国首脳が集うアマゾン協力条約機構（ACTO）首脳会議を北部ベレンで開いた。ブラジル政府によると、首脳会議はこの時が4回目で、09年以来、14年ぶりの開催となった。ACTOにはブラジルに加えてボリビア、コロンビア、エクアドル、ガイアナ、ペルー、スリナム、ベネズエラが名を連ねる。前身組織は1978年に設立されているものの、これまで国際的な枠組みとしての存在感は薄かった。ルラは「我々の時代の課題や機会への対処にはともに行動することが必要だ」と述べ、国際協力拡大への強い意志を示した。

共同声明では、09年のCOP15で先進国が約束した年1000億ドルの途上国支援について「約束の履行を求める」と強調した。ルラは「多くの温暖化ガスを排出しているのは裕福な国」というのが持論で、アマゾン保護を進め、先進国から資金協力を引き出す意図がある。

各国首脳は、違法な森林伐採や鉱物採掘を取り締まる国際警察組織の設置で合意した。「国際警察協力センター」と名づけ、ブラジル北部マナウスに設ける。情報交換に加えて

外務省副次官のコヘアドラゴは環境分野のエキスパート（2023年8月、ブラジリア）

捜査、訓練などを共同化する。犯罪組織は小型飛行機を使って森林内に向かうケースが多いため、国境を越えて飛行レーダーを監視する計画だ。国連の気候変動に関する政府間パネル（IPCC）のアマゾン地域版に相当する組織も設けて、アマゾン地域の気候変動の実態を共同で調査して報告書をまとめていく。メンバーには各国の科学者や先住民なども加わる。

一方で課題も残した。ブラジルは30年までに違法伐採をゼロにする目標を掲げているが、この日のACTOの声明で、8カ国は共同での伐採ゼロの目標時期は設定できなかった。世界的に猛暑が問題となり、非政府組織（NGO）からはより進んだ環境対策を求める声も多いにもかかわらず、アマゾン地域で原油採掘を行っている加盟国が消極的だった。

外務省ではアンドレ・コヘアドラゴ副次官（気候・エネルギー・環境担当）がACTOを担当している。12年の国連持続可能な開発会議（リオ＋20）ではブラジルの首席交渉官を務めるなど、環境や気候変動、エネルギーなどの課題のエキスパートだ。13〜18年には日本大使を務めていた。私は日本赴任直前にブラジリアで初めて会い、その後は東京での様々な会合で顔を合わせる機会も多かった。ACTO首脳会議の直前の23年8月に、ブラジリアにある外務省の執務室で話を聞いた。久々の再会に、コヘアドラゴは身長197センチメートルの大柄な体を縮めて手を差し伸べてくれ、ニコッとほほ笑んだ。

コヘアドラゴはACTO首脳会議の意義について「アマゾン保護はブラジル１カ国では達成できない。情報や科学的知見を共有して、持続可能な発展に向けて協働していく体制を整える」と話した。アマゾン地域では「犯罪組織集団への対応は最大の課題のひとつだ。同集団は国境をまたいで移動するため、１カ国ではなく、国境を越えた捜査や監視の協力が不可欠だ」と「国際警察協力センター」の意義について言及した。

コヘアドラゴは祖父の代から続く職業外交官一家の出身で、５人兄弟の末っ子としてパリで生まれた。幼少期は欧米で過ごし、１９８１年リオデジャネイロ連邦大学を卒業後に外務省に入省した。日本大使の後は、２０１８〜23年にインド大使を務めて、23年3月から副次官になったばかりだった。外交官としての職務の一方で、建築にかかわる批評を長年手がけてきた。現在は「建築界のノーベル賞」と呼ばれるプリツカー賞の審査員という重責を務めている。

## 2025年COPの裏に有力者一族

ブラジルは2025年11月に予定する第30回国連気候変動枠組み条約締約国会議（COP30）を北部パラ州の州都ベレンで開く。ベレンはアマゾン川の河口に広がる大都市だ。アマゾン地域でのCOP開催で、ブラジルは世界に対して環境重視の姿勢をアピールする狙いがある。

ルラは23年5月にSNSに投稿した動画で、過去に参加したCOPでは「みんながアマゾンについて話していた」と述べ、アマゾン地域での開催の意義を強調した。

ベレンは赤道直下に位置しており、高温多湿の熱帯雨林型の気候で知られる。人口は約150万人。マナウスやサンタレンといったアマゾン川流域の主要都市と船舶で往来でき、上流から届く農作物や魚類が取引される市場は活気にあふれている。

ベレンは確かにアマゾンを代表する都市ではあるのだが、実はこの決定は関係者の間での評判は悪い。国際会議を開催するインフラは十分ではなく、各国の首脳が宿泊する高級ホテルもほとんどないという状況だからだ。同じアマゾン地域であれば、アマゾナス州の州都である工業都市のマナウスが第一候補となってしかるべきなのだ。

マナウスではなく、ベレンが選ばれた背景には、ルラとパラ州の実力者一家の密接な関係がある。現在のパラ州知事はエルデル・バルバリョが務めている。中道政党のブラジル民主運動（MDB）に所属するが、22年の選挙で同党が左派の労働者党（PT）のルラを支持するように動いてきたのが、この人物だった。26年の選挙でルラが再選を目指す場合は副大統領候補のひとりになるとの観測も出る。

このエルデル・バルバリョの父親はジャデル・バルバリョ上院議員で、パラ州知事、同州選出の上院議員、上院議長を経験したブラジル政界の大物のひとりだ。所属政党は異なるものの、長い間、議会内外でルラと連携してきた関係の深さで知られる。

この大物のもうひとりの息子が、エルデルの兄であるジャデル・フィーリョで、現在はルラ政権で都市相を務めている。都市省は、低所得層向け住宅供給計画「ミニャ・カザ、ミニャ・ビダ」（「私の家、私の人生」）を管轄する。ルラ政権の看板政策のひとつで、予算配分を通じた地方への影響力は無視できない非常に重要なポストだ。

ルラとバルバリョ一族の蜜月の結果、重要行事であるCOPのベレン開催が決まったのだ。前述の通り、ベレンには高級ホテルはほとんどなく、23年8月のアマゾン協力条約機構（ACTO）首脳会議の参加者はホテルの確保にみな苦労していた。複数の参加者が、通常宿泊しているホテルから数ランク下げて、なんとか眠る場所を見つけたと話していた。

私自身も23年9月8日にベレンの交通や行事の運営能力のひどさを目の当たりにした。

競技場を訪れたバルバリョ知事（左）（2023年9月、ベレン）

この日ベレンでは、26年のサッカーワールドカップ（W杯）の出場権をかけた南米予選のブラジル対ボリビアの試合があった。当日は、競技場に向かう道が大混雑していた。試合開始の午後9時45分に向けて、午後6時より前に入場列に並んだ観戦客が自分の席にたどり着けたのは午後8時過ぎだった。特定の通路に観客が殺到する一方で、観客がほとんどいない入り口もあり、ちぐはぐさが目立った。

　前日の7日午後にはブラジル代表の練習が競技場で行われていた。会場には多くの市民が招待されていた。家族とともに訪れていたエルデル・バルバリョ知事は、ブラジル代表のマスコットと写真撮影していたほか、競技場の内側を歩いて盛んに市民に手を振ってアピールに余念がなかった。

## 国際協力重視、「アマゾン基金」を拡充

ルラ政権で環境政策を担うのがマリナ・シルバ環境・気候変動相だ。私は閣僚に決まっ

た後はもちろん、その前からシルバには繰り返しインタビューを申し込んでいた。広報担当者からは「取材が入りそう」という連絡までは何度かもらっていたが、具体的な日時がなかなか固まらなかった。

私のアシスタントの元にシルバ側から突然連絡が入ったのは2024年3月18日夜8時過ぎだった。「明日昼にマリナの時間をおさえた」と対話アプリの「ワッツアップ」にメッセージが届いた。私はその後に上司に出張申請を出して、許可をもらい、航空便を押さえた。ホテルを決めないままで、取材当日朝にサンパウロから飛行機で約90分かかるブラジリアに向かう強行日程だった。ブラジリアの空港の飲食店でインタビューに向けて質問を整えた後、スーツケースを持ったまま空港から直接、環境・気候変動省に向かった。最初の予定時間は昼12時。当日朝に12時半ごろになると言われていた。余裕をもって控室に到着していたが、最終的にシルバの執務室に入れた時は午後1時を過ぎていた。学校の教室ほどの広さの部屋の奥の机に座っていたシルバは、立ち上がって出迎えてくれた。

**――ボルソナロ前政権（19～22年）と現在のルラ政権の環境政策の違いはどこにありますか。**

「差は大きい。前政権は気候変動の問題を否定して、環境政策はない状態だった。ブラジル環境・再生可能天然資源院（IBAMA）やシコ・メンデス生物多様性保全院

（ICMBio）といった環境保護を担う団体について、解体の方向に動いていた。現在は気候変動対策、生物多様性の保護、先住民保護区の策定などで努力している」

**——現政権の環境政策の特徴は何でしょうか。**

「我々の目標は30年までに（違法な）森林伐採をゼロにすることだ。違法伐採をしっかりコントロールしていくだけでなく、開発モデルを変えていくことにも注力していく。農地を広げるのではなく、生産性を向上させることで（農作物の）生産量を増やす。財政上でも優先度は高く、100億レアルの『気候基金』を設けた。持続可能なプロジェクトにのみ用いる計画で、将来的には200億レアル規模に広げる可能性もある」

**——熱帯雨林保護の原資となる「アマゾン基金」に外国政府からの出資表明が盛んです。**

「私が前回環境相（当時）を務めた際に準備を進めてきた。森林の火災や伐採との戦いでは非常に重要な手段となる。監視強化や研究支援などが主な使い道だ。当初はノルウェーとドイツから協力を得ていた。現政権下では英国や米国などから資金提供の約束を得た。（アジアでは初めて2月に）日本からも（300万ドルの）協力を得ており、欧州連合（EU）も資金提供を示唆している」

**——ブラジルは24年は20カ国・地域（G20）の議長国で、25年には第30回国連気候変動枠組**

み条約締約国会議（COP30）の開催を控えています。

「2つの動きを連動させて準備を進めたいと考えている。アゼルバイジャンでのCOP29とCOP30でよい結果を得るために、非常に重要なテーマをG20で議論していく。（産業革命前と比べて世界の平均気温の上昇を1・5度までに抑えるという）『1・5度目標』の達成に必要な野心的な削減水準が重要になる。公的な資金だけでは十分とはいえないため、民間資金の取り込みが不可欠だろう」

――ウクライナや中東では紛争が続いています。

「我々は大きな文明課題を抱えた世界に住んでいる。一方では、罪のない民間人が命を落とす残虐な戦争が起きている。もう一方では（環境破壊で）子供や若者の未来に対する静かな戦争がある。人類は、我々自身に敵対するような過程に入ってしまっているのではないか」

――あなたにとってアマゾンとは何でしょうか。

「非常に強力であると同時に、極めて壊れやすい。逆説的だ。多くの水が流れている時もあるのに、完全に干上がってしまうこともある。大きな森は、たくさんの色彩や生命、香りであふれている。木や草が枯れてしまう危険もある。私にとっては自然の逆説《パラドックス》だ。私たちが気をつけていないと、破壊の空間になってしまう可能性がある」

ブラジルの環境政策や自身の生い立ちについて約30分、話を聞いた。終始、落ち着いた口調だったが、こちらを見つめる視線は常に鋭かった。各省庁が入居するビルの5階にある執務室の一角には、簡素な家屋の模型がおかれていた。尋ねると、「幼い頃に住んでいた家です。原点を忘れないように」と笑顔で話してくれたのが印象に残っている。

## 国際覇権の舞台

アマゾンというと、どうしても「未開」というイメージと結びつきやすい。もちろん手つかずの自然は多く残っているのだが、国際社会との接点が始まったのは早い。16世紀にはスペイン人探検隊によって欧州に紹介されており、スペインとポルトガルによる領土争いの舞台となってきた。「アマゾン」の名前はギリシャ神話に登場する女性だけの部族アマゾネスから名づけられた。スペイン人が髪を伸ばした先住民を女性だと勘違いしたことに由来するという。19世紀後半からは世界で唯一のゴムの産出地として脚光をあびて、欧米の企業が覇権を競った。この時期の経緯については『アマゾン五〇〇年――植民と開発をめぐる相剋』(丸山浩明、岩波新書)に詳しい。

19世紀後半からの繁栄の様子はいまも街に残る。中心部にあるオペラハウス「アマゾナス劇場」の大理石やタイルといった建設資材は欧州から運ばれた。客席の下には、氷の冷気が流れる冷房設備も早くから完備されていた。ゴム採取を目当てに欧州から渡ってきた富裕層は母国と同水準の生活を目指していた。１９６７年に税制や産業振興で優遇を受けられる「フリーゾーン」として指定されると、欧米アジアの製造業の拠点としても機能し始めた。日本企業ではホンダの二輪工場がよく知られている。マナウス市の人口は２０６万人と、ブラジルの都市で7番目に多い。

## 奥地でも進むＩＴ化

現在はアマゾン川流域でも観光客が泊まるようなホテルはネット接続の環境が整備されている。それどころか、小さな集落でもＩＴ化が進んでいる。２０１２年に訪れたスルアカという集落の事例を紹介したい。地元の非政府組織（ＮＧＯ）と通信関連の民間企業が協力して環境を整え、インターネットや携帯電話を用いた教育や遠隔医療が効果を発揮し始めている。生活水準や利便性の向上につながる一方で、「外の世界」に視線が向く若者の集落離脱などを懸念する声もある。

南米大陸を西から東に流れるアマゾン川で、東側から3分の1ほどの場所にあるのが、白砂の浜で知られるリゾート地アウテルドションだ。支流タパジョス川流域に広がるこの街から小型船で2時間強進む。私が訪れた乾期の時期は、干上がった川床を十数分歩いて上陸したところにあるのが小さな集落であるスルアカだ。

スルアカには当時、120家族約500人が住んでいた。普段は交通手段が週2便の小型船に限られ、都会の騒がしさからは隔絶されている。そんな場所にネットが通じたのは2011年3月のことだった。

小学校を訪れると、20人ほどの子供たちがコンピューターの画面を必死にのぞき込んでいた。当時9歳のペドロ・モレイロに話を聞くと、「数学のゲームをするのが楽しい」と答えてくれた。何らかの形で毎日コンピューターを使うようになったといい、夢中の様子だった。

歴史を教えるマリナウバ・コラレス先生はネット導入の効果を実感していた。「児童の登校率が格段に上がった」のだという。自らは空き時間にネットを使って学習教材を探して授業に生かしている。

この集落に高さ約60メートルの基地局を建ててネットと携帯電話の通信環境を整備したのは、スウェーデンの通信機器大手エリクソンとスペインの通信大手テレフォニカだ。ブラジルで事業を展開する世界的な大手企業が社会的責任（CSR）の一環として、30万ドルほどを拠出した。

通信環境の整備は1980年代半ばからこの集落の生活環境改善に尽力してきたNGO「サウジエアレグリア（健康と喜び）」との協力で実現した。小学生から大人までがネットの使い方を学び、教育や知識習得につなげている。携帯電話で蜂蜜の注文を受けたり、SNSを使い始めたことで行方不明だった親族と久しぶりに連絡が取れたりという事例も出始めた。

このNGOは住民の健康状態を医師が検査する「医療船」も定期的に派遣しており、通信環境の整備によって「専門医の意見を聞いて治療に反映させることが容易になった」（医師のファビオ・トゥティ）という。

スルアカの環境変化は周辺集落でも話題になっている。ジョゼ・ソウザは近くの集落に住んでいたが、2012年初めに出身地のスルアカに戻ってきた。当時3歳から13歳まで6人いた「子供の教育環境を考えた」からだという。

ただ一方で、集落内には「子供たちの目が都会に向いてしまう」（コラレス先生）ことを心配する声もある。ネット中にあふれている「豊かな生活」を求める若者が集落から大量に離脱しかねないとの懸念がある。

NGOの共同創立者で医師のエウジェニオ・ネットはこう話す。「ネットは既にアマゾンの人々にも不可欠な技術だ。使い方を間違えないように我々も協力する」。新技術との遭遇は、集落に新たな課題を与えている。

## 電力の8割は再生可能エネルギー

アマゾン川の豊かな水量に代表されるように、ブラジルは水が豊富だ。国家電力庁によると、国内電力の84・8%は再生可能エネルギーを供給源としている。全体のうち水力が62%、風力が12%、太陽光が4%を占めている。ルラは「太陽光と風力への投資をさらに拡大していく」と強調する。世界各国が依存度引き下げを進めている石炭火力は1%強に過ぎない。環境配慮が一段と求められる企業に対し投資を誘致するためには有利に働く。

例えば、南東部リオデジャネイロ州のアス港は周辺に再生可能エネルギーの発電設備の集積を目指して動き始めている。アス港の親会社、プルモ・ロジスティカのロジェリオ・ザンプロニャ最高経営責任者（CEO）は、2033年までに同港周辺で風力や太陽光などに100億ドル規模の投資を見込んでいる。

同社はすでに3300万キロワットの洋上風力発電の開発認可をブラジル当局に申請した。仏電力公社EDFなどと覚書（MOU）を結び、27年の建設開始を目指している。太陽光の発電容量は22万キロワットを予定する。

同社はさらに、再生可能エネルギーを使い、水素の一大輸出拠点とすることも狙ってい

**ブラジル国内の電源供給源**

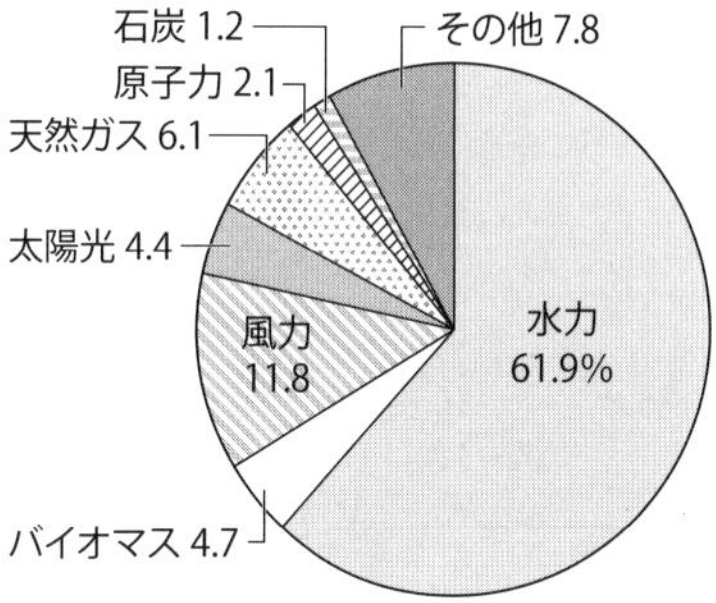


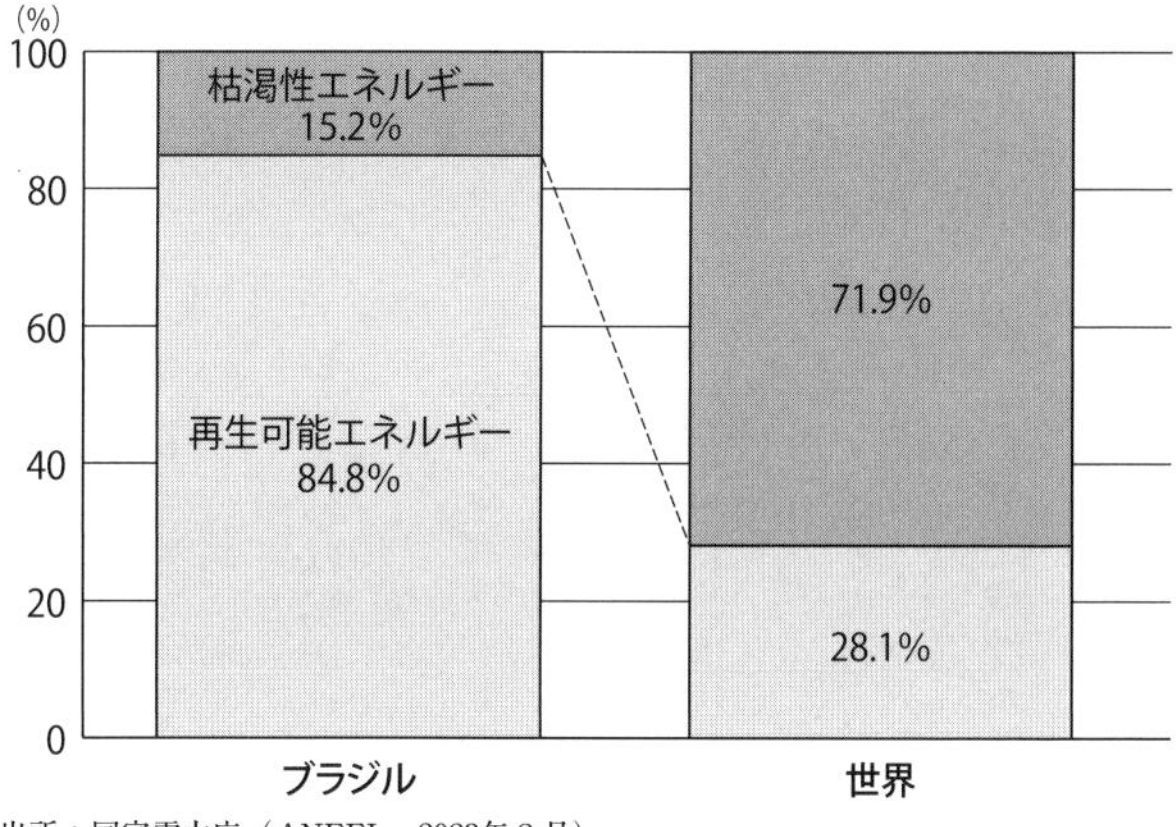


出所：国家電力庁（ANEEL、2023年８月）

る。水素工場の誘致に向けてリオデジャネイロ州からの認可取得手続きを進めている。ブラジルの電源構成で、再生可能エネルギーの比率が高いことは、水を電気分解して水素をとりだすための製造基盤が他国に比べて整っていることを意味する。政府も国営銀行の融資などを通じて産業育成に注力している。

ザンプロニャCEOは「港湾設備のすぐ近くで製造すれば輸送コストが抑えられるため、競争力のある価格で外国向けの出荷が可能になる」として、英シェル、中国国有電力大手の国家電力投資集団（SPIC）、ドイツ産業ガス大手リンデなど6社が関心を示していると説明する。早ければ24年に建設を始め、25年の稼働を予定する。

アス港は民営で14年10月に開業した新しい港だ。敷地面積は130平方キロメートルで、喫水21・7メートルの埠頭を10カ所そろえている。22年の貨物取扱量は5740万トンだった。サントス港（サンパウロ州）に次いで大きい港である。

アス港は運営の効率性で強みがある。公営のサントス港の場合、来港した船の待機時間は12～30日。アス港の場合は平均で2日といい、積み下ろしにかかる時間も「他の港より10～15％は少ない」（ザンプロニャCEO）という。港湾では職員の労働組合が一般的に強く、人員配置への影響力も大きい。アス港は公営の港に比べて効率的な人員配置が可能だという。アス港のプロジェクトには多くの外国企業が注目している。

2024年３月、ブラジリア

キーパーソン

# マリナ・シルバ　Marina Silva

環境・気候変動相
1958年2月8日生まれ

## 南米環境保護の旗手

世界に知られる最も有名なブラジル人女性のひとりだ。アマゾン奥地に生まれ、環境保護活動で知名度を上げて、長年議員や閣僚として政治の表舞台に立ち続けている。細身だが、内面からあふれ出るパワーは計り知れない。

父親はゴム採取労働者で、貧しい家庭に生まれた。11人きょうだいの2番目として、アマゾン川の上流、ペルーと国境を接するアクレ州の奥地で生まれた。産院はないため、祖母が取り上げたという。自身も幼い頃からゴム樹液の採取を手伝っていた。15歳の時に母親をなくしており、母親のかわりに幼いきょうだいの世話や家事を担ったが、多くの病気に直面した。「5回のマラリア、3回の肝炎、リーシュマニア症にかかり後遺症もある」という。

治療のためアクレ州の州都リオブランコ市へ移り、修道院に身を寄せた。家政婦として働きながら、16歳の時に初めて学校に通った。わずか4年間で高校までの課程を終えて大学にも進んだ。この頃出会ったのが、ゴム採取労働者出身で、環境活動家のシコ・メンデスだ。アマゾン保護やゴム採取労働者の人権の保護を訴えるメンデスに大きく影響を受けた。1988年12月、メンデスが開発業者側に暗殺される悲劇に直面。シルバは非暴力で、メンデスの意思を引き継いでいく考えを示す。

88年リオブランコ市議会議員選挙に出馬してトップ当選した。91年にはアクレ州議会議員に転じた。94年には上院議員に当選した。史上最年少の36歳だった。

ルラ大統領が最初に政権を担った2003年1月に環境相に就任した。森林を違法に伐採した業者や農家への取り締まりを厳格化して、森林の消失面積を大きく減らすことに貢献した。ただルラ政権の2期目の途中だった08年5月には環境相を辞任した。ルラ政権が大規模水力発電所の建設や遺伝子組み換え作物の推進にカジを切り、政権内で孤立を深めていった結果だった。

ルラの労働者党（PT）と距離を置き、大統領選には10年、14年、18年と3回挑戦した。

10年は1963万票で3位、14年は2217万票で3位、18年は106万票で8位に終わった。最も健闘したのは14年の選挙だ。当初はブラジル社会党（PSB）のエドゥアルド・カンポスの副大統領候補として出馬していたが、カンポスが小型機墜落事故で死去したため、大統領候補に昇格した。非業の死を遂げたカンポスへの同情票や清廉さを背景に、決選投票進出まであと一歩に迫った。

この間、シルバの環境保護を重視した姿勢は有権者から常に一定の支持を集めてきた。ただ中央政界での仲間作りは得意とはいえず、政党の移籍を繰り返す結果となって、大統領には届いていない。

22年の大統領選ではルラの支持を表明して、23年1月に環境・気候変動相に就任した。現在のルラ政権内でも、経済成長をより重視する政権幹部もおり、時折政権内での対立が表面化はしているものの、24年8月時点では大きな対立や分裂には至っていない。

1980年に最初の結婚をして、2児が生まれた。離別を経てその後、農業技術者のファビオ・バスジリマと結婚して、さらに2児が生まれた。

さまざまな果物や野菜が並ぶブラジルのスーパー（2023年、サンパウロ）

# 第4章【農業・産業】世界の供給源
## ——コーヒーや鶏肉から飛行機まで

## 世界の食料庫

日本の食料自給率はカロリーベースで22年度に38％だった。これは国内の食料供給に対する国内生産の割合を示す指標で、前年度と同水準で推移した。１９６５年度に73％だった自給率は長期的には低下傾向で、２０００年代に入ってからは概ね横ばいで動いている。政府は30年度までに45％に引き上げる目標を掲げるが、達成は容易ではない。

そんな中、外国からの輸入は不可欠で、ブラジルは主要な食料供給元の1カ国といえる。カロリーベースでは日本の5％をブラジルが支えている。米国（22％）、オーストラリア（11％）、カナダ（9％）に次いで、4番目の位置だ。鶏肉では最大の輸入の相手で全体の約7割を占める。トウモロコシや大豆、オレンジジュースでも重要な役割を果たす。

世界は、人口増による食料需要の増大、気候変動による不作、地域紛争の拡大などに直面している。小麦の供給国であるロシアによるウクライナ侵略は長期化しており、中米のパナマ運河や紅海での国際物流の停滞も発生した。政府は24年5月に閣議決定した農業白書で、食料安全保障の強化を「国家の喫緊かつ最重要課題」と位置づけており、ブラジルとの関係強化は不可欠といえる。

ブラジルはもちろん、国際的に見ても、多くの農産物で主要生産国に名を連ねている。

日本の食料供給元（カロリーベース）

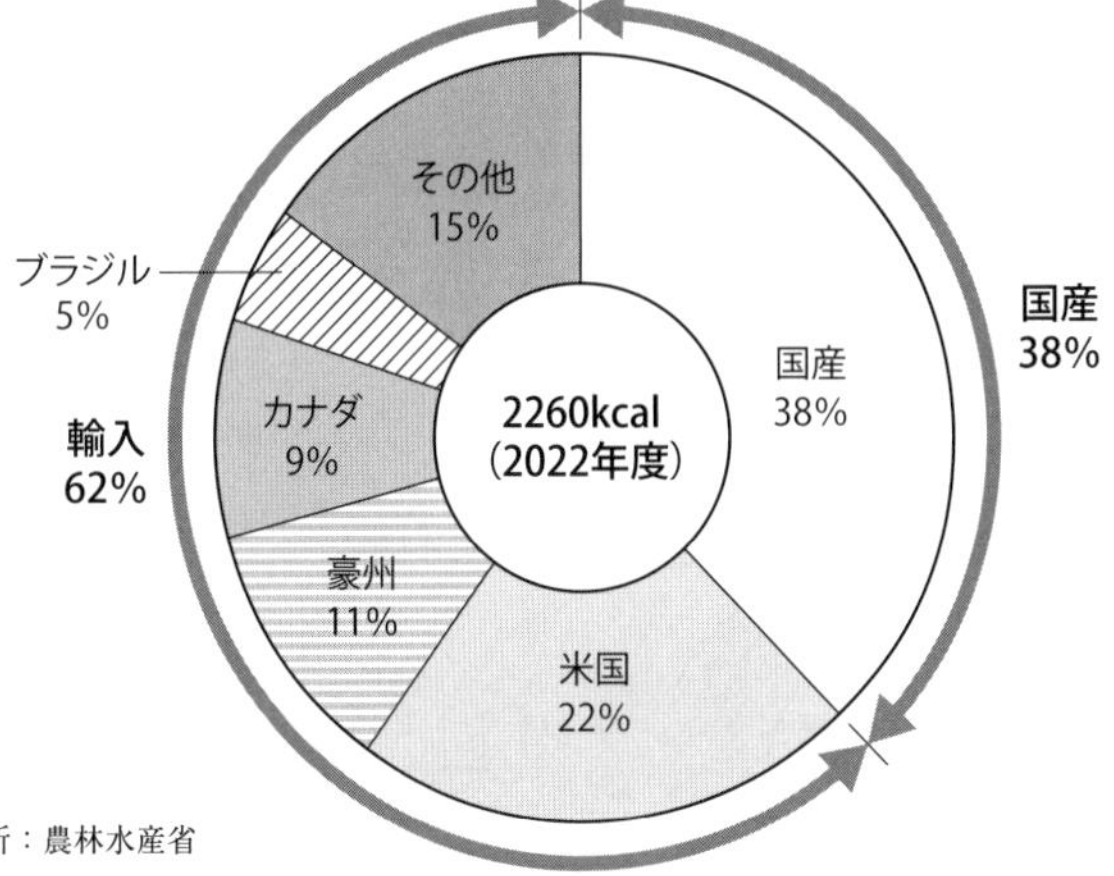


出所：農林水産省

米農務省の23～24年度の見通しによると、世界一の生産量を誇るものにはコーヒー（世界シェアの39％）と大豆（同39％）がある。牛肉はシェア18％で2位、鶏肉は14％で2位、トウモロコシは10％で3位、豚肉は4％で4位につけている。こうした品目は輸出でも上位に入る。ブラジルの生産状況の行方は、世界の国際商品相場の価格を左右する。

農業は「日系人が発展に大きな貢献をしてきた」（ロベルト・ロドリゲス元農牧・食料供給相）分野でもある。サンパウロの青空市にゴーヤー、柿、栗といった他の外国ではなかなか購入することができない日本人になじみのある農作物が並んでいるのはその証拠だ。

サンパウロ州、リオデジャネイロ州、ミナスジェライス州という経済活動の中心になる

ブラジルの貿易（2023年）

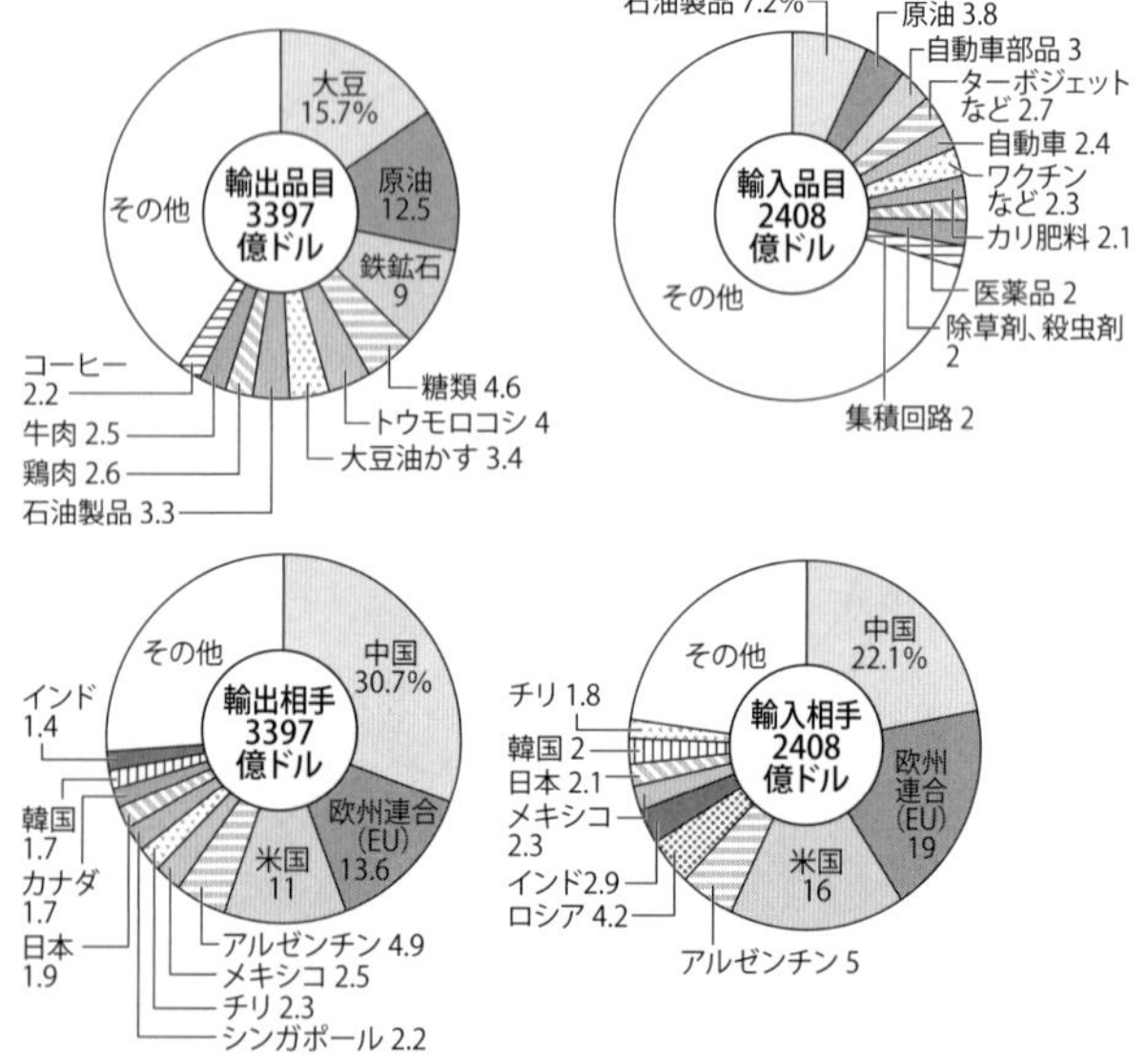


出所：ブラジル政府、日本政府

3州は南東部に位置している。コーヒーやサトウキビの生産が活発な一方で、製造業や資源の拠点としても知られる。農業生産と結びつくのは中央部で、南米大陸の中央部に位置するマトグロッソ州がよく知られている。同州の面積は日本の2・4倍。国内の大豆生産全体の約3割を占める。トウモロコシ、綿などの産地としても世界的に知られている。州都はクイアバ。14年6月のサッカーワールドカップ（W杯）では日本がグループリーグの第3戦でコロンビアと戦い、1―4で敗れた場所だ。その試合の直前、同年５月に私はブラジル日本商工会議所の経済ミッションの一員としてクイアバを訪れた。

## 変わる「不毛の土地」

クイアバの街から５〜７人乗りの小型飛行機に分乗して飛び立ってからおよそ10分後、真下に広大な農地が広がった。上空から緑色に見えるのが綿、黄緑色はトウモロコシで、地平線上に畑が際限なく広がっているのがよく分かった。主力の大豆の収穫は１〜３月に終わったタイミングで、同じ土地で別の作物を育てていた時期だった。同じ機体に乗っていたビジネスマンからは畑のスケールの大きさにため息が漏れていた。

コーヒー取引所は今は博物館になっている（2012年4月、サンパウロ州サントス）

大豆と綿の生産でブラジル大手のボンフトゥロの農地を訪れた。当時、同社は州内に96の農場を保有し、５０００人を雇用していた。肉牛を11万頭飼育し、淡水魚を育てる54の養殖池の水面の合計面積は２００

ヘクタールに達していた。農業用のタネの生産も手がけている。2013年に23万ヘクタールだった大豆の作付面積は14年には27万ヘクタールに広がった。

この時の経済ミッションには、商社や自動車、農業機械など幅広い分野の現地法人トップら約20人が参加した。マトグロッソ州からの3年越しのラブコールに応えて実現した訪問で、州政府や穀物大手、保税倉庫などの幹部から説明を受け、活発な議論が交わされた。当時のシルバル・バルボサ州知事は半日にわたった州政府からの説明会に最初から最後まで参加して、「潜在力に富んだ州だ。ぜひ日本との結びつきを強めたい」と熱心に呼びかけていた。

マトグロッソ州が日本企業にラブコールを送っていたのには理由がある。人口は370万人弱と少ない。立地は南米の中心部という恵まれた場所にある一方で、内陸に位置しているために輸出の拠点となる港にたどり着くまでの物流インフラは心もとない。州政府関係者は「潜在力を生かし切れていない」との思いを抱えているのだ。収穫した農作物をそのまま出荷しているケースも多いため「より付加価値をつけて輸出したい」との声は多く、その提携先として日本企業を呼び込みたいと考えていたのだった。

かつてこの地域は「セラード（閉じられたという意味）」と呼ばれ、不毛の土地とされてきた。それが1970年代から国際協力機構（JICA）の協力などで日本の資金や農業技術を投入し、大豆畑に姿を変えた歴史的な経緯がある。

ただ最近は日本の存在感があるとは言いにくい。一行がクイアバの保税倉庫を訪問した際に目にしたのは、中国製の品々だった。漢字が書かれた袋に入ったポリエステルの原料、建設機械などが至る所に並んでいた。マトグロッソ州からの輸出で、日本は２０１２年時点で４位につけていた。上位にはいるものの、金額ベースでは１位の中国の７分の１以下の水準にとどまっていた。

視察団の団長を務めた住友商事の岡省一郎執行役員（当時）は「人口増加が続くなか、世界に食料を供給できるのはブラジル。その中心がマトグロッソ州だ。日本は関わりを深めなくてはならない」と述べていた。

## 穀物生産のカギ「マトピバ地域」

ブラジルの農業を取材していると「マトピバ」という言葉を聞く。北部４州に広がる穀物生産地域の総称だ。マラニョン、トカンチンス、ピアウイ、バイアの４州をひとつにした言葉である。現在の主力である中央部に加えて、今後は農作物の供給拡大が期待できる新興農業地域といえる。

日本とブラジルの両国政府は２０１６年、北部トカンチンス州パルマスで開いた日伯農業・食料対話で、この地域での農産品の開発や穀物移送インフラ網、港湾の整備で協力する覚書を結んでいる。トカンチンス州が選挙区で、当時の左派ルセフ政権で農牧・食料供給相を務めていたカチア・アブレウが主導した取り組みだった。アブレウはこの会合に着物風の衣装を着用して参加していた。この地域は相対的に貧しい農家が多い。アブレウは「日本の官民の協力を得ることで、生産拡大により所得を底上げしたい」との考えを示した。15年の訪日前に行った私のインタビューでも牛肉や豚肉の対日輸出拡大に向けて熱弁を振るった。

アブレウは現在、連邦上院議員を務めており、引き続き農業政策ではキーパーソンのひとりである。上院外交委員長を務めていたこともあり、アジアとの交流拡大に関心を示す。中国との関係強化にも熱心で、ブラジル中国議員連盟に所属している。ボルソナロ政権で反中の代表格だったアラウジョ外相の辞任に向けて圧力をかけたことで知られる。24年1月には中国南東部深圳であった「ブラジル・中国ミーティング」に参加して、穀物鉄道建設への意欲を示していた。

右派のボルソナロ政権で農牧・食料供給相を務めていたテレザ・クリスティナも19年5月の訪日時には同様のインフラ整備に関心を示している。現在も内陸部で生産された穀物はトラックで港に輸送されていることがコスト増の要因で、ブラジル農業の課題として残っている。

## 日本人移住地トメアス

北部パラ州の日本人移住地であるトメアスで盛んな森林農法（アグロフォレストリー）と呼ばれる農法も注目されている。トメアスの面積は愛知県と同程度の５１４５平方キロメートルであるが、人口は６万７５８５人しかいない。日本からは１９２９年に43家族１８９人が入植したのが最初で、２０１５年時点で約３８０家族９８０人の日系人が暮らしていた。戦前に鐘淵紡績が出資した南米拓殖株式会社が開発した移住地だ。

南米拓殖株式会社の創立には渋沢栄一がかかわっている。「日本資本主義の父」として知られ、24年７月から新たな１万円札の顔になった人物だ。東京都北区にある渋沢史料館では08年、ブラジルへの集団移民１００年を記念して「日本人を南米に発展せしむ　日本人のブラジル移住と渋沢栄一」という企画展を開催した。

トメアスはかつては「緑の地獄」と呼ばれた。開拓に苦労して、入植地から離れた人々も多かった。転機となったのは１９５０年代のこしょうの国際相場の高騰だ。「黒ダイヤ」と呼ばれたこしょう栽培でのもうけを夢見て多くの日本人が入植した。ただ60年代後半からの病害で生産量は急減。作物の転換を迫られたため、移民同士で協力や苦労を重ねて、森林農法の手法を80年代から徐々に確立していった。収穫期が異なる様々な作物を植えた森のような農地をつくり、病害による共倒れを防ぐ手法だ。

単一栽培による病害のまん延を防ぎ、それぞれ収穫期が異なるため収入の均一化も図ることもできる。日系人の農家が先んじて手掛け、現地の農家にも徐々に浸透していった。環境への負荷が大きい焼き畑農業の減少に一役買っているという。現在は、果物製品販売会社のフルッタフルッタがアサイーを中心にトメアス産の果汁を輸入、日本で販売している。明治のチョコレートにもトメアス産のカカオが使われている。

トメアスにはたどり着くのがとにかく大変だ。私は2015年に訪れた。サンパウロからだと、まずは飛行機で4時間弱かけて北部の主要都市であるベレンに飛ぶ。そこから車で南に約4時間かかる。約220キロメートルの道のりの途中、アマゾン川の支流を渡し船で越える場所もある。「陸の孤島」とも称される所以《ゆえん》だ。赤道に近く、日差しが強かったことを覚えている。街の中心部と呼べる場所は小さく、そのすぐ近くまで畑が広がっていた。主要道路を外れた未舗装の道からは常に砂ぼこりが舞っていた。

エジソン・コスタが手がける森林農法の畑を訪れた。彼が所有する約20ヘクタールの農地は木々や背丈の低い植物が混在し、一見すると畑とは気づかない。実際は植え方が工夫され、例えばバナナの木陰では日光が苦手なカカオが育つ。合間からパッションフルーツやヤシ科のアサイーの実がのぞく。

かつては森を焼いてイモやトウモロコシを植え、収穫後に別の場所に移って同じ作業を繰り返す焼き畑農業をしていた。豊作と不作の差は激しく、「出稼ぎをする必要もあった」と振り返る。10年ほど前、日系人中心のトメアス総合農業協同組合（ＣＡＭＴＡ）の講習会に出たのが転機になった。果物やカカオなどの混植に戸惑いもあったというが、周囲の農家が成果をあげていたのにならって取り組んだ。

コスタは「昨年（14年）は５０００レアルで中古車を買えた。家も土壁から木製に変わって、かつての暮らしとは比較できない」とうれしそうに話してくれた。

ＣＡＭＴＡは１９８０年代後半以降、出荷先を確保するため果汁工場や冷凍庫を整備してきた。冷凍庫の収容力は当時で３０００トンと、輸出拡大で当初の10倍に増えた。果物の仕入れ先は１０００農家に及び、アサイーなどのピューレの生産能力は２０２０年時点で年１万トンに増えている。

安定的に出荷できれば農家は安心して生産できる。ＣＡＭＴＡには約１７０農家が所属するが、日系人以外の比率は約２割に高まった。地域全体を底上げし、焼き畑による森林消失も抑えている。

２歳の時に家族とともに入植したＣＡＭＴＡ理事長（当時）の小長野道則は毎日のよう

に近隣の農家を巡って相談に乗っていた。決して豊かな地域ではなく、政府の低所得層向けの補助金に頼る地域の農家は少なくない。「地域と共に伸びていきたい」。日系人の労苦は確かな足跡を残している。

## 豊富な果物

トメアスに向かう拠点となるベレンにあるベロペゾ市場はいつも活気に満ちあふれている。ベロペゾはポルトガル語で「重量を量る」という意味だ。露店がひしめくように並んでおり、ベレン有数の観光地としても人気が高い。アサイー、アセロラ、マラクジャ（パッションフルーツ）といった果物があたり一面にところ狭しと並んでいる。アマゾン川流域の村々の生産者は、色鮮やかな果物を小船で河口の大都市の市場に運ぶ。市場では熱帯果物だけではなく、薬草や調味料、巨大な魚、カランゲジョ（泥ガニ）、カモや小動物も売られている。仲買人、青果店や飲食店に勤める多くの人々が行き交う市場は毎日早朝から活気にあふれている。

２０１５年５月に訪れた際、果物を売っていた当時85歳のジョゼ・カランドリニャから声をかけられた。「何がお好みだい？」。この道40年のベテランだった。毎朝午前3時には市場に駆けつけて商売を始める。「いま旬の果実はププニャ。おいしいよ」と教えてくれた。

ププニャは中南米原産のヤシの実の一種で、ゆでて食べるのが一般的だ。薄い皮をむいて口に入れると、栗やカボチャのような食感がする。ベレン市内のホテルでは朝食にも出てくるほど一般的な食べ物だ。市場では基本的には1房単位で販売している。房の重さはおおよそ3キログラムで10レアルだった。

ベロペゾ市場で特に活発に取引されているのはアサイーだ。ブルーベリーに似た濃い紫色の果実で、抗酸化成分を多く含み、栄養価が高いことで知られる。アマゾン流域で収穫されたアサイーは夜中に届いて、早朝に活発に取引されている。15年5月に訪れた際、アサイーの実が14キログラム入るカゴの値段を午前6時ごろに尋ねると、ほぼすべての仲買人から50レアルと言われた。ただ8時前になると値段は40レアルに下がっているケースもあった。アサイーの果実は原則24時間以内にピューレ状にしないと品質が落ちてしまうのだという。そこで売れのこりを避けたい仲買人は販売価格を下げている。

アサイーは北部ではキャッサバと一緒に食べたり、魚やエビ、干し肉などとともに調理されたりしている。栄養価が高いことに注目して格闘技選手らが好んで食べるようになり、知名度が向上した。いまでは粉末や錠剤、ジュースなどにも形を変えて消費されている。

かき氷状にしてデザートの一種として知られるようになったのはブラジルでも１９９０年代からだという。当初は野生で植生している果実を収穫するのが中心だったが、最近は販売目的で農家が栽培するようになった。北部パラ州のアサイーの生産量は2012年に92万トンと、10年前の2・5倍に急拡大していた。23年には160万トンまで増えた。国内生産の9割以上を占めている。

## 「アマゾンのアサイー化」

アサイーの生産拡大には懸念も生まれ始めている。地元メディアでは「アマゾンのアサイー化」とも報じられている。生物学者のマドソン・フレイタスはAFP通信の取材に「自然状態なら1ヘクタールに生えるアサイーの本数は50〜100本だ。200本を超えると、他の原生種の多様性が60％失われる」と説明している。他の植物種が減れば、蜂やアリなど受粉を媒介する昆虫が減って、アサイーの生育にも悪影響が及ぶ可能性があるのだという。

ブラジルの産業はモノカルチャー（単一経済）の歴史で知られている。始まりは16世紀初頭に輸出が盛んだった染料が取れる木であるパウ・ブラジルだ。国名の由来となった植物でもある。繊維産業向けの赤色染料の原料として、欧州で重宝された。堅い材質で知られ、現在もバイオリンの弓の材料として用いられることもある。16世紀後半からは砂糖、17世紀初頭にはタバコ、19世紀にはコーヒーやゴムを各国に輸出した。ゴムの場合は英国が苗を持ち出して東南アジアで栽培を始めたため、ブラジルのアマゾン地域の産業が衰退したことは世界史にも登場する。現在のブラジル経済の裾野は広がった。モノカルチャーとはいえないだろうが、地域ごとにみればリスクはある。パラ州でアサイー生産に過度な依存が広がれば、経済面だけでなく、環境面での負荷が膨らみかねない。ブラジル全体で見ても、天然資源や農作物をそのまま輸出するケースも多いため、国内でいかに多くの付加価値をつけて輸出するかには課題があるといえるだろう。

## 弱点は肥料、ロシアに依存

農業大国にも弱点はある。肥料の8割以上を輸入に依存していることだ。特にロシアからの輸入が多く、２０２２年2月にロシアがウクライナに侵略してからは、農家や食品メーカーが肥料の確保に躍起になり、影響を懸念する声が広がった。

ブラジルは窒素やリン、塩化カリウムといった肥料の85％を輸入している。主要な相手国は2割程度を占めるロシアやベラルーシだ。戦渦による生産の落ち込みに加え、欧米による両国への経済制裁が効いてくればブラジルの農業生産は影響を受けかねない。

食肉業者の業界団体であるブラジル動物性タンパク質協会（ＡＢＰＡ）のリカルド・サンティン会長は同年8月、「ロシアからの肥料がどの程度確保できるかを心配する声を多く聞いている。肥料価格は上昇している。生産コストの上昇につながるかもしれない」と話していた。

当時のボルソナロ・ブラジル大統領は今回の侵攻を巡って「中立を保つ」と発言してきた。先進国を中心にロシアやベラルーシに対する経済制裁が広がる中でも「農業肥料の多くをロシアに依存している。経済制裁を科せば、わが国の農業ビジネスは多大な影響を被る」と述べていた。

ウクライナ情勢が緊迫していた同年2月半ばには、国内外で批判が強まる中でモスクワ訪問を強行してプーチン大統領と会談した。両氏は6月にも電話で協議している。プーチンはこの協議の中で肥料の供給継続への注力を約束している。

西側の先進国はロシアへの経済制裁を実施し、貿易や事業を絞って圧力をかけているが、ブラジルのボルソナロ大統領は経済制裁には動かないと明言した。22年1〜7月のロシアからの輸入額は51億8181万ドルで、前年同期の2倍近くとなった。輸入全体の伸び(32%増)を大幅に上回った。

ボルソナロ政権は22年3月に国家肥料計画を打ち出し、50年までに肥料の輸入割合を45%に引き下げる考えを示した。農家に対して肥料の効率的な使用を促すと同時に、税制の見直しや研究開発の強化を進めようとした。ルラ政権に移行後には、カルロス・ファバロ農相も「戦争によってシステムが脆弱であることが分かった。代替案を見つける必要がある」と述べた。ブラジル国内で塩化カリウムやリン、窒素の生産を増やすことで、輸入に頼る比率を引き下げることを狙う。ただ短期間で成果が出るわけではなく、当面は弱点となりそうだ。

## バイオ燃料「エタノール」

日本の岸田文雄首相は2024年5月にブラジルを訪問した。ルラ大統領との首脳会談では脱炭素への包括協力である「グリーン・パートナーシップ・イニシアティブ（GPI）」の推進で一致した。柱はバイオ燃料だ。植物から製造されるバイオ燃料は、ガソリンに比べて二酸化炭素の排出量が少ない。ブラジルが長年輸出拡大を狙っている。

給油所で入れる燃料といえば日本ではガソリンか軽油だが、ブラジルでは事情が大きく異なる。サトウキビを原料とするエタノール燃料がガソリン並みに扱われている。

13年6月、テレビ番組プロデューサー、ジュリアナ・モリッツ（27）が通勤途中にサンパウロ市内で給油していた様子を取材した。彼女は入り口の看板に掲げられたガソリンとエタノールの価格をちらっと見てから、手元にある価格比較表と照らし合わせていた。

1リットルあたりの価格はガソリンが2・799レアル、エタノールが1・899レアルだった。モリッツが車に常に積んでいる価格表を眺めると、ガソリン価格が2・79レアル、エタノールが1・953レアルという数字が横に並ぶ。エタノールの販売価格がこれより安ければ、エタノールを入れた方が有利になるということが一目で分かる。「きょうはエタノールを入れた方がお得ね」。

エタノールはガソリンよりも3割程度燃費が劣るとされ、ガソリンに比べて7割以下の価格がその目安となる。経済合理性に加えて、モリッツの場合は「環境負荷が少ないからエタノールをできるだけ使いたい」と考えている。

ブラジルでは給油所で販売するガソリンにもエタノールが約3割混ぜてある。このためブラジルの街を走る自動車も、エタノールとガソリンの混合燃料で走るフレックス燃料車（FFV）が当たり前。2つの燃料をどのような割合で混ぜても走るのが特徴で、ガソリン車に比べて温暖化ガスの排出を抑えられるとの利点もあり、市民の支持を得ている。

FFVは走行時だけでなく、燃料の生成過程も含めて考えると「温暖化ガスの排出量はガソリン車の4分の1程度にとどまる」（大手自動車メーカー現地法人幹部）という。

ブラジル人の生活に欠かせない存在となっているエタノール燃料だが、現在のような形でガソリンと併存するまでには紆余《うよ》曲折があった。ブラジルでエタノールを自動車の燃料に盛んに使うようになったのは1970年代に遡る。石油が潤沢にはなかった当時、オイルショックをきっかけにブラジル政府が75年にプロアルコール計画を立案した。79年にはエタノール100%で走行するアルコール自動車が開発され、80年代には自動車市場の大半を占めていた。

だが80年代後半に、今度は天候不順や病害でサトウキビ栽培が不振となり、エタノール原料の供給不足が顕著となった。ガソリン価格の低下もあって90年代から2000年代初頭はエタノールを一定割合で混合したガソリンが主流となった。

さらに大きな変化が表れたのが03年。エタノールとガソリンをどのような割合で混合しても走るFFVが市場に登場した。自動車部品メーカーの独ボッシュが開発に大きな役割を果たし、独フォルクスワーゲン（VW）が最初に販売を始めた。エタノールとガソリンの両燃料に対応するため、日によって燃料を使い分けることが可能となった。いまも大半がFFVだ。

FFVの構造はガソリン車と比べて、大きく2つの点で異なる。エタノールは低温でエンジンが始動しにくいという欠点がある。そこでトランク内にサブタンクを設けてガソリンを入れ、駆動時に用いている。エタノールは水分が多く部品をさびつかせるので、燃料の配管などは特殊なメッキで表面加工をしている。

FFVの普及と相まってエタノールの消費も拡大。08年にはエタノールの消費量がガソリンを上回った。サトウキビやトウモロコシを原料とするエタノールは、食糧需給とのバランスの問題はあるものの、環境負荷を軽減するには、他国にとっても有力な選択肢であるのは間違いない。

ブラジルでは電気自動車（EV）の普及が進んでいない。これまで述べてきたように自国にエタノールが豊富であるため他国よりもガソリンの使用を抑えられていることと、国土が広大なため、充電器の普及コストがかかる点がその理由だ。

## 世界3位の航空機メーカー

ブラジルを代表する製造業というと真っ先に名前が上がるのは航空機メーカーのエンブラエルだろう。米ボーイング、仏エアバスに次いで世界3位につけている。座席数が150席以下の小型旅客機に強みを持つ。日本では日本航空とフジドリームエアラインズ（FDA、静岡市）が機体を運航している。軍用機も手がけており、広い国土の防衛のためにも欠かせない企業だ。最大都市サンパウロにあるオフィス、郊外サンジョゼドスカンポス市（サンパウロ州）の本社工場は取材で何度も訪れた。本社工場には企業の歴史を紹介する博物館も併設されている。

1969年の設立当初は国営企業で94年に民営化された。創業の準備段階として、第2

次世界大戦後の50年に製造業育成の必要性を感じた政府が主導して航空技術研究所（ＩＴＡ）を設立している。国立の工科大学で、航空産業を育むために米マサチューセッツ工科大学（ＭＩＴ）から教員やカリキュラムを取り入れて、国家プロジェクトとして人材育成に取り組んだ。

ＩＴＡはいまでもエンブラエル本社に隣接する国内最難関大学で、多くの人材を同社に送り出し続けている。２０１２年にＩＴＡを取材した際にセルソ・ヒラタ教授は「米ハーバード大やＭＩＴに合格してＩＴＡに落ちる生徒もいる」と話していた。

エンブラエルは18年７月には同社の商用機部門を分社化し、ボーイングと統合する計画でいったんは合意した。それが新型コロナウイルスの感染拡大による航空需要の縮小を背景に、20年４月には統合中止が決まった。同時に訪れた新型コロナによる需要喪失と統合計画の破談に対応するために組織のスリム化を急いだ。解雇と自主退職で１割強に相当する人員を減らし、在庫の削減も進めたことが、経営の効率化につながった。いまは独立路線で再び成長を目指す局面にある。

## アジア市場に注力

エンブラエルは、座席数１５０席以下の旅客機について、今後20年間（２０２３～42年）

の世界需要が1万1000機と試算している。そのうち中国やインドを含む「アジア太平洋地域」では3180機を見込んでおり、世界の3割を占める計算だ。北米（3100機）を上回る規模とみている。

フランシスコ・ゴメスネト最高経営責任者（CEO）は23年3月のインタビューで「アジア大洋州地域は今後20年間の伸びをけん引する非常に重要な市場だ。新興国では都市化の進展で中規模の都市間航路が増える。小型機市場には追い風だ」と話していた。同社の最新機「E2」シリーズは「低騒音で燃費性能が優れている」という強みを持つ。中国では地場の中国商用飛機（COMAC）が造る「ARJ21」と競合するが、22年11月には中国当局から「E2」シリーズの「E190‐E2」について機体の安全性に問題がないことを示す型式証明を取得しており、今後は顧客開拓に弾みがつくとみられる。インドにも注力しており、初納入を目指している。

## 「100%再生航空燃料」の飛行試験

23年10月にはビジネスジェット機で再生航空燃料（SAF）のみを用いた飛行試験に成功したと発表した。米フロリダ州にある施設で、「フェノム300E」と「プラエトル600」の試験を行い、ワールド・フューエル社のSAFを用いた。2040年までに温暖化ガスの排出量を実質ゼロにする自社の目標に向けて「非常に重要な一歩だ」と強調する。同時に「持続可能性への取り組みは事業戦略の中核だ。環境への影響を軽減する新たな方法を継続的に模索する」と表明した。

気候変動が世界的に関心を集めるなか、航空機は温暖化ガスの排出が多いことから「飛び恥」と言われ、関連企業は対策を急いでいる。岸田首相が24年5月にブラジルを訪問した際にも、ブラジルと日本は脱炭素の協力パッケージで合意している。ブラジルは主にサトウキビを原料とするバイオエタノールの生産で米国に次ぐ世界2位だ。ＳＡＦは両国が協力をひろげることができる分野でもある。

## 「空飛ぶ車」に期待

エンブラエルが今後の成長分野として期待しているのは２０２０年設立の子会社イブ・ホールディングが手がける「空飛ぶ車」だ。同社の電動垂直離着陸機（eVTOL）の機体はパイロットと乗客４人が乗れる仕様で、飛行距離は約１００キロメートルを想定している。26年に商用飛行を始める計画を立てている。

eVTOLは滑走路が不要で騒音が少なく、電気で動くため温暖化ガスの排出量の削減につながる特徴がある。自家用車のように誰もが購入できる仕組みではなく、当初はウーバーのような配車アプリに似たシステムで普及が進むとみられている。イブは、世界中で各国企業が開発に動くeVTOLは35年までに全世界で5万機が就航していると予測する。世界の500都市で1日あたり77万回のフライトの可能性があるとみている。

ブラジルでは、富裕層や企業経営者の移動手段としてヘリコプターがよく使われている。ブラジル連邦民間航空局（ANAC）によると、ブラジル国内のヘリコプターの台数は21年時点で2152機だ。最大都市のあるサンパウロ州（639機）や観光の盛んなリオデジャネイロ州（386機）で約半分を占めている。サンパウロはニューヨークや東京と並ぶヘリ大国だ。脱炭素の気運を背景に$CO_2$排出量を減らせるeVTOLはヘリに代わって活用が広がる可能性がある。

エンブラエルはすでに13カ国の29社から2850機のeVTOLを受注している。地盤の南米だけでなく、北米、欧州、アジアの各地に顧客を広げているのが強みだ。売り上げ規模は86億ドルを見込んでいる。

米SMGコンサルティングがまとめたeVTOLの受注数では、イブは首位だ。中国の億航智能（イーハン、1631機）や英バーティカル・エアロスペース（1475機）を大幅に上回っている。各国の航空大手やヘリ運航会社などからの早期の受注を固めているため、欧米や中国の競合企業との競争を優位に進めていける可能性がある。

イブは22年にはニューヨーク証券取引所に新規株式公開（ＩＰＯ）を果たした。米航空大手ユナイテッド航空も１５００万ドルを出資している。イブとユナイテッドとの提携では、ユナイテッドが２００機を購入し、さらに追加で２００機を購入する権利を持っている。両社は米カリフォルニア州サンフランシスコの港湾地域で、eVTOL の定期便を運航する計画も明らかにしている。

ユナイテッド航空ベンチャーズのマイケル・レスキネン社長は「顧客の仕事、生活、旅行の方法に革命をもたらす可能性がある」と話し、空飛ぶ車が世界の産業に与える影響の大きさを改めて強調している。

23年5月にはスイスで、人工の風を当てて、風の流れなどを計測する風洞試験を終えたと発表した。胴体や翼などの周囲の空気の流れが飛行中にどのように変化しているかを検証することで、飛行の品質や効率性を改善する狙いがある。

初の製造拠点はサンパウロ州タウバテ市に設けると決めた。エンブラエルの本社があるサンジョゼドスカンポス市近く、「２つの高速道路や鉄道に近く戦略的な物流の恩恵を受けられる」との理由だ。「航空機製造の最新技術と生産工程を用いて、サプライチェーン（供給網）や物流など他の側面とも組み合わせる」とも説明する。

イブはニデック（旧日本電産）からモーター駆動システム、英航空・防衛大手のＢＡＥ

システムズから蓄電システム、仏DUCヘリセスプロペラズから回転翼とプロペラの供給を受けることを決めている。今後も部品の調達先を随時固めていきたいと考えている。

エンブラエルのゴメスネトCEOはeVTOLについて「30年に売上高45億ドルと、いまの当社の売り上げに匹敵するまで成長する可能性がある。当社は旅客機の製造で多くの実績があるのに加え、すでに世界中でアフターサービスの体制を整えているのが強みだ」と自信を示す。

エンブラエルは日本や日系人とも関係が深い企業だ。取材で工場を訪れると説明の担当者が日系人ということも多かった。00年代に成長戦略や技術開発を担当する副社長を務めたサトシ・ヨコタはよく知られている。生産効率の向上のためには、日本式のカイゼンを実施している。現地に多い日系人のコンサルタントを起用し、常に工場内の作業の動線や機械の配置を見直している。12年に当時のマウロ・ケルン副社長（技術開発担当）を取材したところ、07年時点で20日間かかっていた航空機1機の組み立てが8日間に短縮されたと説明していた。

## 製造業の比率低下

エンブラエルやモーター製造会社WEGは国際的な知名度は高いが、ブラジルは製造業の地盤沈下という課題がある。ジェトロによると、GDPに占める製造業の割合は2021年には10・22%と、00年（13・13%）、10年（12・72%）から下がっている。ルラも「再工業化」という表現でたびたび問題意識を表明しており、副大統領兼産業・貿易相のジェラルド・アルキミンが担当している分野だが、政策の中核にあるという印象は薄い。

ブラジル自動車工業会（ANFAVEA）がまとめた23年の生産台数は前年比2%減の232万台となった。乗用車と小型商用車の合計は前年を上回ったものの、トラックやバスの大幅減が響いた。トラックを対象にした新たな排ガス規則の導入に伴って販売が不振だったため、生産全体も3年ぶりの前年比マイナスに沈んだ。

ブラジルの生産台数は20年以降、横ばい圏で推移している。23年の実績は、直近ピークである新型コロナウイルス禍前の19年（約294万台）を約2割下回っており、厳しい状況が続いている。13年に記録した過去最高（371万台）は遠いままだ。

## 国営石油会社「ペトロブラス」

ルラが最初に大統領を務めた8年間を象徴する企業は国営石油会社ペトロブラスだった。この期間に、水面下5000〜7000メートル程度に位置する深海での油田確認が相次いだためだ。ルラ政権は、資源高の恩恵で好転した財政の一部資金を、南東部沖合の海底油田「プレサル」の開発投資に振り向けた。その結果、産油国としてブラジルの位置は高まっている。

英BPの統計によると、原油生産量は2011年の日量217万9000バレルから21年には298万7000バレルと、37%増えた。世界シェアは2・6%から3・3%に高まった。左派政権の失政で生産が落ち込むベネズエラ(21年で65万4000バレル)、新規油田の開発が進んでいないメキシコ(同192万8000バレル)を上回って、いまや中南米で最大の産油国になっている。

原油生産国として存在感が高まっていることを受けて、ブラジルに対しては石油輸出国機構(OPEC)への加盟を促す秋波が寄せられている。OPECは18年にカタール、20年にエクアドル、23年にアンゴラが撤退した。産油国の盟主であるサウジアラビアなどは影響力の低下への懸念を持っている。19年には大統領だったボルソナロがサウジ訪問中にムハンマド皇太子と会談して「個人的にブラジルがOPECのメンバーになることはとても好ましい」と述べたことがある。ただルラは23年に「正式メンバーになることは決してない」と語った。むしろOPEC側に対して、アフリカや中南米での再生可能エネルギーへの投資で支援することを求めた。

## 政治汚職の舞台に

ペトロブラスには負の側面もある。ルラらの労働者党政権下での政治汚職の舞台となった会社だからだ。当局による捜査は「ラバジャト（洗車）作戦」とよばれ、2014年に始まった。ペトロブラスの幹部が04年から12年にかけて、同社と契約を希望する建設会社などに賄賂を要求し、契約額の1～5％相当が、労働者党政権の閣僚ら有力政治家に不正献金として渡っていたとされる事件だ。贈賄額は21億レアルに達すると報じられた。ルラの18年4月の収監も、ペトロブラスからの発注の見返りに建設大手OASから高級住宅を賄賂として受け取ったことなどが理由だった。

ルラが建設大手から提供を受けたとされる部屋がある建物（2017年3月、サンパウロ州）

同社の深海油田開発事業では、浮体式海洋石油・ガス生産貯蔵積出設備（FPSO）の建造や運営で日本企業は有力な取引先になっていた。ペトロブラスの混乱は極まり、当時、商社などでエネルギーを担当していた駐在員は「ペトロブラスが機関決定できずに取引が動かない」とぼやいていた。

多くの逮捕者も出て、経営陣は交代した。資金調達環境の悪化に直面し、手元資金を確保するために資産売却を迫られた。日本で手がけていた石油精製事業からの撤退が報じられたのは15年3月だった。08年に南西石油（沖縄県西原町）の株式の87・5％を東燃ゼネラル石油から取得して、10年には残りの株式を住友商事から買収して完全子会社化していた。中国などアジア向けの輸出基地と位置づけ、植物由来のバイオエタノールの販売拡大にもつなげようとする狙いだったが、成果が出る前に撤退に追い込まれた。

## ルラ政権による人事介入

3期目のルラ政権の不安材料もこうした資源関連の企業とのやり取りにある。発足1年を迎えようとする2023年後半から目立ってきたのが人事への介入だ。まずは、世界的な鉄鉱石大手ヴァーレを巡り、ルラが自身の盟友を、将来のCEO含みで役員に起用したいと考えていると地元メディアで繰り返し報じられた。その人物とはギド・マンテガだ。06～14年に財務相という要職を務めた。08年のリーマン・ショック後、世界各国が金融緩和による経済下支えに積極的だった時期に、通貨安を志向した局面を「通貨戦争」と名づけて国内外で知名度が高い。ただ、在任中の後期には経済悪化に対して有効な施策を打ち出せなかったことが批判され、退任後の16年には、国営石油会社ペトロブラスを舞台にした不正献金疑惑で逮捕された。ルラは23年に発足した自身の政権内でも要職に起用する道を探っていた模様だが、最終的には断念した経緯もある。

ヴァーレはもともとは国営会社でリオドセとよばれていたが、１９９７年には民営化を果たしており、いまは民間企業だ。ニューヨーク証券取引所にも上場している。政府の影響力がある国営の「ブラジル銀行従業員年金ファンド」（ＰＲＥＶＩ）の出資比率は９％弱にとどまる。重要事項に拒否権をもつ黄金株はあるが、ヴァーレの経営は国からは独立している。私が取材してきたブラジル企業の中では航空機大手のエンブラエルと並んで優秀な従業員がそろっているという印象がある。

そんな有力企業では、19年に就任したエドゥアルド・バルトロメオＣＥＯの任期が24年５月26日までと決まっていた。そこでルラは、その後任に自分の息のかかったマンテガを送り込む機会を探ったのだ。金融市場では「ヴァーレの内規に照らすと、ＣＥＯの交代は考えにくい」（米シティグループ）との見方が多い。マンテガの就任はなくなったとの見方が強いが、ルラ政権による国家介入的な考えは嫌気された。

## 人事問題は国営石油会社でも

その次が国営石油会社のペトロブラスだった。ルラは自身の政権が発足するタイミングで、同社のCEOにはジャンポウル・プラテス上院議員を起用した。ルラと同じ左派の労働者党（PT）に所属している人物だ。ただルラが期待したようなペースで国内の石油精製業や浮体式海洋石油・ガス生産貯蔵積出設備への投資が進まなかったことが不満で、わずか1年半で見限った。後任には元ブラジル石油監督庁（ANP）の元長官マグダ・シャンブリアルが決まった。

こちらは先のヴァーレとは異なり国営企業ではある。株式を公開しているが、議決権では政府が過半数を握っているため、トップ人事は基本的には政府が決定権を持つ。ボルソナロ政権下でもわずか4年の間に4人のCEOが生まれた。

ペトロブラスはガソリンスタンドの運営で最大手だ。ガソリン価格は国民の生活には身近で、政府の支持率に結びつきやすいとされる。そのため、ボルソナロは世論へのアピールを含めて、ペトロブラスにガソリン販売価格の引き下げを求めることが頻繁だった。同社の経営陣が価格引き下げに応じないと、人事権も含めた強硬措置をとってきた。ペトロブラスには、原油の国際価格の動向を踏まえ、ガソリンや軽油の出荷価格を決める規則がある。基本は変動に応じて決まるため、経営陣の意向による恣意的な介入の余地は少ない。にもかかわらず、ボルソナロは国民に寄り添っている姿勢や強いリーダーをみせるためにペトロブラスを「消費」してきた。

本来ならばペトロブラスは政府と歩調を合わせる形で、ブラジルのエネルギー戦略の中核に位置づけられるはずだ。ＣＥＯが数年ごとにかわる混乱が続いている状態では、腰を据えた戦略をたてることは難しいだろう。政治の負債を押しつけられたのが近年のペトロブラスといえる。この会社の混乱はブラジル経済の弱点となっている。

2023年７月、サンパウロ

キーパーソン

## ルイザ・エレナ・トラジャノ

Luiza Helena Trajano

マガジンルイザ経営審議会会長

１９４８年10月９日生まれ

# 女性経営者の代表、小売り大手の成長をけん引

ブラジルを代表する女性経営者だ。おばがサンパウロ州の奥地で、ミナスジェライス州にもほど近いフランカ市で１９５７年に始めた小さな商店を少女時代から手伝っていた。経営を引き継いで、ブラジルを代表する小売り大手に成長させた実績がある。「当時は女性が商売するのは難しかった。おばの独立精神に影響を受けた。他人に雇われると考えたことはなく、アイデアを出して店舗網を広げることにやりがいを感じていた」と成長の過程を振り返る。

マガジンルイザはいま量販店大手の一角だ。国内各地に１４００店舗、従業員数は３万

マガジンルイザの店舗（2024年、サンパウロ）

５０００人に達する。「かつてのハイパーインフレ時代（80年後半から90年代半ば）には他の国が風邪をひけば、ブラジルは集中治療室に入ってしまった。危機はいくつもあったが、危機は乗り越えるものだと思って対応してきた。今回の新型コロナウイルス禍でも15企業を買収した。いずれもネット通販の増加に寄与する企業だ」と話す。

大企業になったいまも社員や顧客とのフランクな関係を常に意識しているという。自身や役員の部屋には「いつでもだれでも出入りできる」仕組みにしている。現場にも顔を出して顧客と話すこともある。

路面店に加えて、ネット通販でも大手だ。「ルー・ド・マガルー」と呼ばれるバーチャル店員がよく知られている。インスタグラムのフォロワー数は719万人近くに達しており、コンピューターグラフィックス（CG）で作られた「バーチャルインフルエンサー」としては世界で有数の規模だ。

「小売りは実店舗からデジタルに移っている。バーチャルインフルエンサーの『ルー・ド・マガルー』は販売増に大いに役立っている。人間味があるから成功している。パレードに参加する一方で、病気にはなるし、失敗をして、謝罪もする。テレビ番組にも出演したし、人気女性歌手のアニッタとの共演も果たした」。

社外活動では、女性経営者らの集まりであるムリェレス・ド・ブラジル（ブラジルの女性たち）という団体の会長を務めており、政府への政策提言でも存在感を発揮している。新型コロナウイルス禍で、当時のボルソナロ大統領は感染拡大を軽視し、ワクチン接種に消極的な姿勢を示した。トラジャノはワクチン接種の拡大を政府や国民に呼びかけた。国内外での活躍が評価され、2021年には米『タイム』誌の世界で最も影響力のある女性100人のひとりに選ばれた。

労働市場での女性の地位向上を目指している。「新型コロナウイルス禍が過ぎて、私が考えていたよりも女性の雇用市場は広がっている。特に管理職での需要は多い。幹部職に占める女性の比率は依然として14％程度だ。多くの会社は女性を探している」と語る。

自社は女性でも働きやすい企業として知られる。「従業員は男女半々で、幹部では女性の比率が4割だ。すべての店舗やオフィスに託児所を設けることはできないので、当社は女性の就労を後押しするために、11歳までの子供がいる母親には『お母さん小切手』を出している。安心して働いてもらえるように親族やお手伝いさんなどに助けてもらう際の費用にあててほしいとの考えからだ」

トラジャノは「将来的には企業の幹部や政治の場でも、男性と女性の比率が半々になってほしい。私自身はその目標を達成するために力を尽くしたい」と話す。選挙への出馬を促す声が多く届くというが「私は政党には所属しない。（低所得者層向け現金給付策の）ボルサファミリアを支持する意味では左派だし、国営企業の拡大に反対という意味では右派だ。女性の政治参画を後押ししたいと考えている」と述べ、あくまで民間の立場から社会変革を目指している。「フランスでは法律で（男女同数の立候補補者擁立、取締役の4割以上を女性とするなど）女性の比率が定められている。ブラジルも同様の法律が必要ではないか。教育によって意識を切り替えることも大事だろう」と語る。

仲の良い経営者のひとりにブルーツリー・ホテルズ&リゾーツ会長兼CEO（最高経営責任者）の青木智栄子がいる。福岡県生まれで7歳の時に家族とともにブラジルに移り住んだ、著名女性経営者のひとりだ。

15年には「女性が輝く社会に向けた国際シンポジウム」に参加するために一緒に日本を

訪れた。トラジャノは「日本とブラジルを比較した時、生産性は日本の方がずっと高いと思う。ただ女性支援の仕組みはブラジルの方が勝っている」と話す。

トラジャノは23年7月、ブラジル日本商工会議所の定例懇親昼食会で講演した。会場は満席で、驚いたのは講演の後だった。各企業のブラジル人の従業員の参加者が記念写真を撮ろうと列を作った。私は通算7年半のサンパウロ駐在でこの昼食会には毎月のように参加してきた。過去には閣僚や有力州知事が参加して講演したこともあるが、トラジャノの人気が群を抜いていたと感じた。

寄付を電子支払いで求める看板（2024年1月、リオデジャネイロのコパカバーナ海岸）

# 第5章【デジタル・金融】

# 「国民総電子決済」へ

## ——PIXで狙う世界覇権

## 日本より進むIT化社会

ブラジルはIT（情報技術）化が進んでいるというと驚くだろうか。私が2度目に赴任した2021年10月はまだ新型コロナウイルスの流行のさなかだった。4年半ぶりのサンパウロ訪問だったが、最も驚いたのはITを使ったサービスの進展だった。そもそも日本よりキャッシュレスは進んでいたが、新型コロナ禍を経て、現金を使う機会は一段と少なくなり、一般ドライバーが有償で乗客を運ぶ「ライドシェア」や、料理宅配などのキャッシュレスサービスを利用するのは当たり前になった。日系人の農家が作る農作物や弁当の宅配システムも整備されており、日本からの駐在員は重宝していた。

17年3月に1回目の任期を終えた時、ライドシェアはまだ始まったばかりだった。当時は12年創業のベンチャー企業である99が最大手だった。17年5月にソフトバンクグループからの出資が発表となり、その後18年1月には中国の同業である滴滴出行の傘下に入った。現在も、世界最大手の米ウーバーテクノロジーズと99が市場を二分している。

外国人としては見知らぬ土地で、言葉が通じなかったとしても、いまいる場所まで迎えに来てくれ、行きたい場所に自動的に連れていってくれる利点は大きい。後任との引き継ぎ作業のなかで「ライドシェアのアプリは入れておいた方が良い」ということは最も早く伝えたことのひとつだった。アプリでは運転手の情報も記録として残るため、安全性も担保されやすい。

## 「実は安全」なタクシー

ブラジル駐在経験の中で、タクシーの乗車が危険だと思ったことはほとんどない。道ばたで合図して利用するのはごく普通だった。中南米でこれは当たり前ではない。他の中南米諸国に出張する際は、必ず停車場からタクシーを利用していた。ホテルやバスターミナルといったタクシーが客待ちをしている場所で捕まえれば、乗車の場面が他の乗客や別の運転手から確認されているため、犯罪抑止効果につながるのだ。

もちろんブラジルでは信号での停止中に泥棒が近寄ってきてガラスが割られて携帯電話や財布が奪われるという事案は定期的にある。実際にブラジル人でも、日本人でも、知人が被害に遭っている。それでもタクシーの運転手が犯人となる犯罪の被害に遭ったという事例は耳にしたことがない。

メキシコでは乗客が運転手から襲われるケースが定期的に報告されていた。２００８〜09年に首都メキシコシティの国立大学に留学していた時、タクシーの利用は極力停車場からにしていた。街中で捕まえた場合は、かなり緊張して乗車していたのを覚えている。当時はビートル（カブトムシ）と言われる独フォルクスワーゲン（VW）の緑色の車がタクシー向けの車両として多数派で、その後に日産自動車のセダン「TSURU（ツル）」に置き換わっていった。17年時点ではすでにライドシェアの利用はかなり普及していた。ブラジルと状況がかなり異なっており、米国に近い土地柄を強く感じたのを覚えている。メキシコに駐在していた20年から21年にかけてはライドシェアのウーバーの利用は当たり前で、タクシーの存在感はかなり低下していた。移動の安全が増したのは駐在員にとってもありがたかった。

## デリバリー業者を隠れみのに

ブラジルに赴任していたと話すと「危険な目に遭ったことはある?」というのも定番の質問だ。これまで長い間「幸いなことに一度もないです」と答えていたが、2度目の任期の終盤に初めて被害に遭いそうになった。実はIT化の進展が新たな犯罪の温床の役割も果たしている。

仕事を終えた午後11時過ぎ、オフィスに近いパウリスタ大通りに出てライドシェアのウーバーを待っていた。見晴らしの良いわかりやすい場所で待っていたところ、手配した車はなぜか前を通り過ぎた。アプリをみていると、運転手もミスに気がついて戻ってくるようだったのでさらに待つことにした。するとなんと2度目も通り過ぎた。「おかしい」と思った直後だった。大きな配達バッグを背負い自転車に乗った若者がすごい勢いで迫り、私が手に持っていたスマートフォンを奪おうとした。幸いなことにスマホは歩道に落ち、拾い上げるだけですんだ。顔を上げると、犯人はもと来た方向に逃げていた。

これは盗賊とウーバーの運転手が共謀して私を狙ったと思っている。もちろん反省材料はある。夜遅くに周りに人がいない状況で、ライドシェアの状況確認のためにスマホを手に長々と道ばたに立っていてはカモだ。サンパウロで生活していた際は、夜は出歩かない、道を歩く際は車道から離れる、腕時計は着用しない、定期的に後ろを振り返るといったことは当たり前にしていた。犯人はターゲットを探している。被害に遭わないためには同じ場所にいる他の人々に比べて注意散漫だと思われないことが大事だ。サンパウロでの生活では治安への配慮に最もストレスがかかる。

犯人はこの種の事件の典型的な格好をしていた。背中には日本でもよく見かける料理宅配の大きなバッグ、乗っていた自転車は大手金融機関がスポンサーになったレンタサイクルだった。犯人が本当に料理宅配をしていて副業で窃盗をなりわいにしていることもあり得るが、多くのケースはバッグを問屋街で購入したり、譲ってもらったりしている。繁華街でターゲットを探すために、手ぶらでただ動き回っていれば怪しまれる。だがバッグを背負ってさえいれば、同じ場所を何度も行ったり来たりしていてもカムフラージュになる。犯人は郊外から都市部に「仕事」にやってくる。通常は自転車で移動できる距離ではない。そこで都市部にやってきてから、自転車をレンタルしている。残念だがITサービスの進展が犯罪者の環境整備につながってしまっている事例だ。

### 活発なオンライン取引

ブラジル人はSNSやスマートフォンに多くの時間を費やしている。自然と自分の端末からの買い物も多い。調査会社ネオトラストによると、2022年のブラジルの電子商取引（EC）市場は2110億ドルと、21年比で38％増加した。26年には4270億ドルに伸びると見通している。1人あたりの消費額では22年は21年比37％増の981ドルだった。26年には1938ドルまで増えると予測する。

ブラジルの検索エンジン最適化（SEO）企業コンバージョンによると、ブラジルのEC市場ではメルカドリブレが首位だ。米アマゾン・ドット・コム、シンガポールのネット通販「ショッピー」、ブラジル小売り大手マガジンルイザなどが続いている。SHEIN（シーイン）は積極的な宣伝で顧客を伸ばしている一方で、地場の小売り大手ロジャス・アメリカナスは不正会計疑惑の影響で苦戦している。

　メルカドリブレは中南米では広く浸透している。１９９９年にアルゼンチンで創業したが、現在は世界18カ国で展開している。同社にとってブラジルは「中南米全体の売り上げの54%を占める最大の市場だ。同時に最も競争の激しい市場のひとつでもある」（メルカドリブレのブラジル代表を務めるフェルナンド・ユネス）といい、基盤強化に注力している。

街中で目立つメルカドリブレの黄色い車（サンパウロ）

　22年にはブラジルでのモールへの新規出品者数は17万人超に達しており、高成長が続く。モールでの取引総額の増加に伴い、22年のブラジルでの納税額は35億レアルと、21年比31%増加したと明らかにしている。23年には22年比12%増の１９０億レアルを技術開発などに用いる計画を示した。19年時点での投資額は20億レアルに過ぎなかったが、年々投資を増やしてきた。電子決済や電子広告、物流網に投資を増やして顧客の利便性向上につなげて、顧客基盤を一段と広げようとしている。同社の取引の荷物を運ぶ黄色い車はサンパウロ市内の至るところで見かける。

　中国発のファッションECのシーインは今後数年で

7億5000万レアルを投資して取引先の電子化を支援する計画を示している。26年末までに同社が取り扱う製品の85％をブラジル産とする予定で、そのために今後3年間で地場の衣料メーカー2000社と供給の契約を結ぶことを決めた。

シーインは取引先が受注管理をオンラインでできるようにシステム構築を手助けして、過剰在庫の改善を支援する。投資資金の融資も行うという。今後3年で約10万人の雇用創出につながるとしている。同社ブラジル法人幹部は「手ごろで、質の高いブラジル産の衣料品輸出を増やしていきたい」と展望している。

米アマゾン・ドット・コムは22年7月、ブラジルの物流会社トタル・エクスプレスの株式の約1割を取得したと報じられている。同社は出版大手グルポ・アブリルの傘下の企業で、すでにアマゾン向けに配送サービスを手がけていた。一部出資によって関係強化を狙った形だ。

アマゾンはブラジルに12カ所の配送センターを構えているが、「競合企業の半分以下にとどまる」（経済紙バロル）といい、依然として配送は課題となっている。今後は24時間以内の配送を拡大していきたいと考えている。

### 貧民街でもネット普及

オンライン市場の拡大の背景には、ファベーラ（貧民街）のような場所でも携帯電話やネットの利用が進んできたことがある。例えばリオデジャネイロ州には約1300カ所のファベーラがあり、総人口の約2割がここに居住している。リオデジャネイロ市北部にあるビラクルゼイロはこの中でも最も危険な地区のひとつといわれてきた。2013年に訪れたこのビラクルゼイロ地区では、欧州企業との連携でネット整備が進んでいた。

住民組織のリーダー、アントニオ・ティブルシオは「2010年以前は、とてもじゃないがあなたのような外国人をここに受け入れることはできなかった」とほほ笑みながら語りかけてきた。

かつては犯罪組織が実効支配して幅をきかせ、地元政府もおいそれと手出しができない状態だった。それが10年11月に軍警察が大規模に出動、装甲車も用いて麻薬組織の掃討作戦を実施したことで、「外の社会に扉が開いた」（ティブルシオ）。それでも当時はまだ未舗装の道も目立ち、一部の場所ではゴミが散らかっていた。

そのビラクルゼイロに、生後3カ月から86歳まで、およそ8000人が利用する「学校」ができた。リオデジャネイロ州と非政府組織（NGO）のアチトゥーデ・ソシアルが共同で運営にかかわる。様々な分野の知識やスポーツ、音楽、ダンスなどを学べる。大人は時間がある時に、学生は放課後にやってくる。教師51人、年間予算は190万レアルの組織だ。

その組織が12年6月に提携したのがスウェーデンの通信機器大手、エリクソンだった。企業の社会的責任（CSR）の一環として資金を投入して、コンピューターを入れ、公衆無線LAN（構内情報通信網）のWi-Fiを整備した。同年10月からはネットの利用方法を教える講座を展開した。授業では情報を検索する方法、フェイスブックなどソーシャルメディアの利用方法を学べる。

NGO代表のサンドラ・ビダルはエリクソンとの提携を受け入れた理由について「通信を通じたコミュニケーションは人々の生活を豊かにする。社会的な孤立を防ぐことにもつながる」と話した。従来は麻薬取引人が電話線を切断するなどしており「地区が社会から閉ざされていた」という。「住民が携帯電話を使い、ネットを操ることで教育や仕事の可能性を高められるようにしたい」と展望する。

エリクソンは通信機器メーカーのため直接的に消費者との接点は持たない。このため通信大手などと組み共同展開する事例も多い。ビラクルゼイロではスペインの通信大手テレフォニカと協力して成果を出そうとしていた。ただ、24年7月時点でインターネット上でこのビラクルゼイロの組織を調べると、SNSの更新は止まっており、関係がありそうな複数の電話番号に連絡してみたが、コンタクトすることはできなかった。

## 人口の７割が利用する「ＰＩＸ」

ブラジルで急速に聞く機会が増えた言葉がある。ＰＩＸ（ピックス）だ。銀行口座間の送金を、素早く可能にする決済システムで、24時間365日、夜間や休日もその場で送金が完了する。「ＰＩＸ使える？」「ＰＩＸで支払います」というように使われている。

PIXはスマートフォンからの使用が簡単だ

日本の「PayPay」「メルペイ」のようなシステムと考えてもらいたい。日本ではQRコード決済が乱立しており、基本的には支払う側と受け取る側が同じサービスを利用していることが決済の条件となる。ブラジルではこの中央銀行が導入した即時決済システムＰＩＸを大半の市民が用いている。

電子決済なので、現金を持ち歩く必要はなくなる。クレジットカードに比べて、店舗側が支払う手数料は少ない。専用端末も必要ない。スマートフォンで全てが完了する。利用者は納税者番号や携帯電話、メール

**拡大し続けるPIXの利用者**

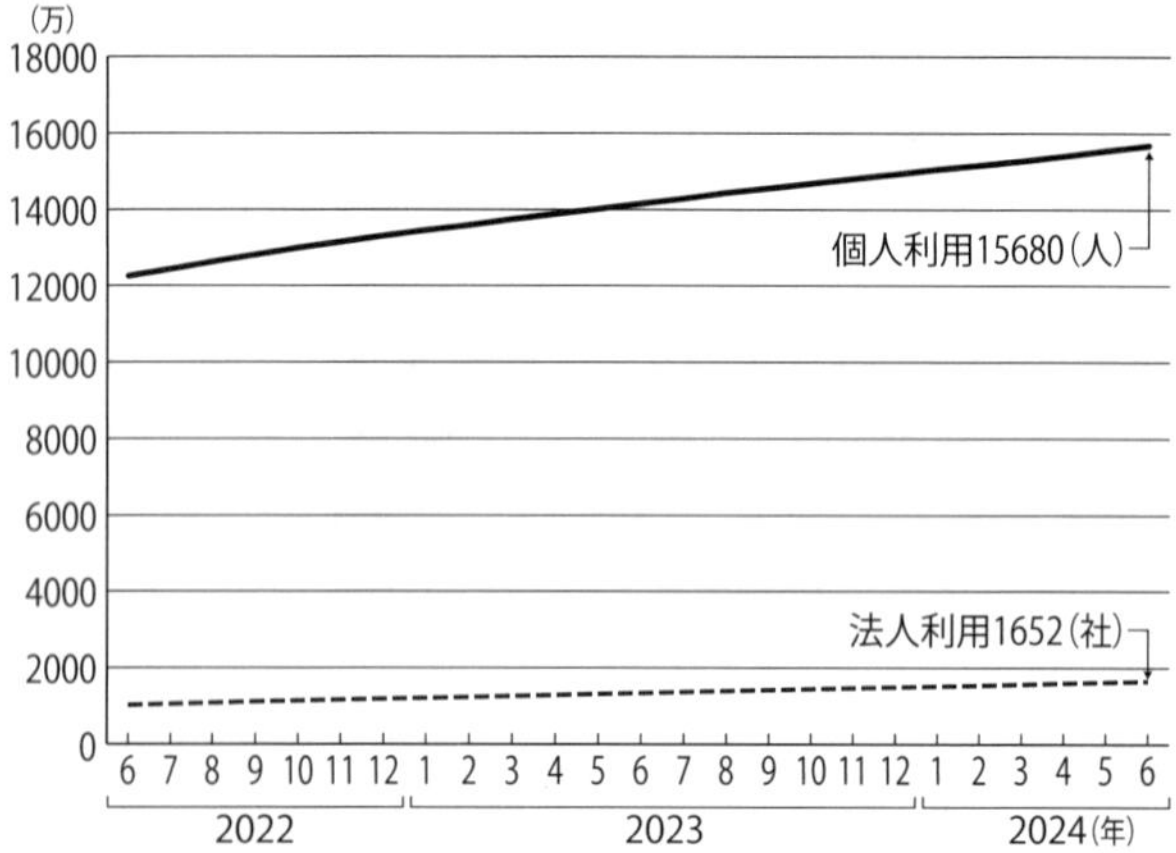


出所：ブラジル中央銀行

アドレスのどれかがあれば、開設は簡単だ。実店舗やオンラインでの支払いだけではなく、割り勘にも広く使われている。例えば、誕生日プレゼントを共同で購入した場合、「後でＰＩＸするね」「ＰＩＸのキーは携帯番号？」といった会話が日常生活の決まり文句になっている。

　ブラジル中銀がＰＩＸを始めたのは２０２０年11月16日だ。ほぼ１年後の21年12月時点の個人利用者数は１億９７９万人、法人の利用は８５４万社まで増えていた。その後も順調に増加して24年６月時点では１億５６８０万人、１６５２万社だ。利用者数は全人口２億１４００万人のうち、約７割に達している。成人で利用していない人はほぼいないような状況だ。

投げ銭を PIX で要求する人もいる（2022年１月、サンパウロ）

## 投げ銭は電子送金で

ダニロ・アンドラジ（32）は毎朝、サンパウロのビジネス街パウリスタ大通りに「出勤」する。子供を肩車して、手にはメッセージを書いた紙を掲げる。「助けが必要です。４人の子供がいますが、失業中です。困難な状況に陥っています」。赤信号でとまった車両の間を歩き、運転席に座った人に小銭を求める。ここまでならよくある光景だ。

アンドラジが掲げる紙には「ＰＩＸも持っています」と、「口座」に相当する11ケタの数字が書かれている。ＰＩＸについて書いたのは２０２１年11月に遡る。ある日、いつものように小銭を求めて車両の間を歩いていたところ、車に乗っていた女性から「小銭はないけど、ＰＩＸでなら送るわよ」と声をかけられたのがきっかけだ。それ以来、８人からＰＩＸで小銭が届いた。それぞれは「20レアル～50レアルぐらい」だが、貴重な「収入」となった。

中銀のロベルト・カンポス・ネト総裁はＰＩＸの導入から１年を迎えた21年11月、「毎月のようにＰＩＸの利用は伸びている。足元の状況は予想を上回った」と喜んだ。

なぜこのように活用が急速に広がっているのか。理由は便利だからにつきる。利用者は携帯電話や電子メールアドレスなどの中から「ＰＩＸキー」を選んで登録し、自らの口座とひもづけるだけで登録は終わる。ＰＩＸに専用のアプリは必要なく、各自が持つ金融機関のアプリを通じて送金を実行する。

「ＰＩＸキー」から相手を探し、送金先を設定する仕組みだ。相手の口座情報も必要ない。平日の昼間はもちろん、休日、夜間でもわずか数秒でお金を送れる。電子商取引の場合はパソコンに表示されるＱＲコードを読み取ることで手続きでき、店頭でもスマートフォンで読み取れば、簡単に支払いが完了する。現金を持ち歩く必要性は劇的に低下した。

小売り大手ポンジアスカルのフレデリコ・アロンソ取締役は「現在は現金やデビットカードを使っている支払いの大部分がＰＩＸに置き換わる可能性が高い」とみている。電子商取引大手メルカドリブレでは22年時点で、出店者の７割がＰＩＸに対応していた。対応

PIXの決済件数はカードを上回る

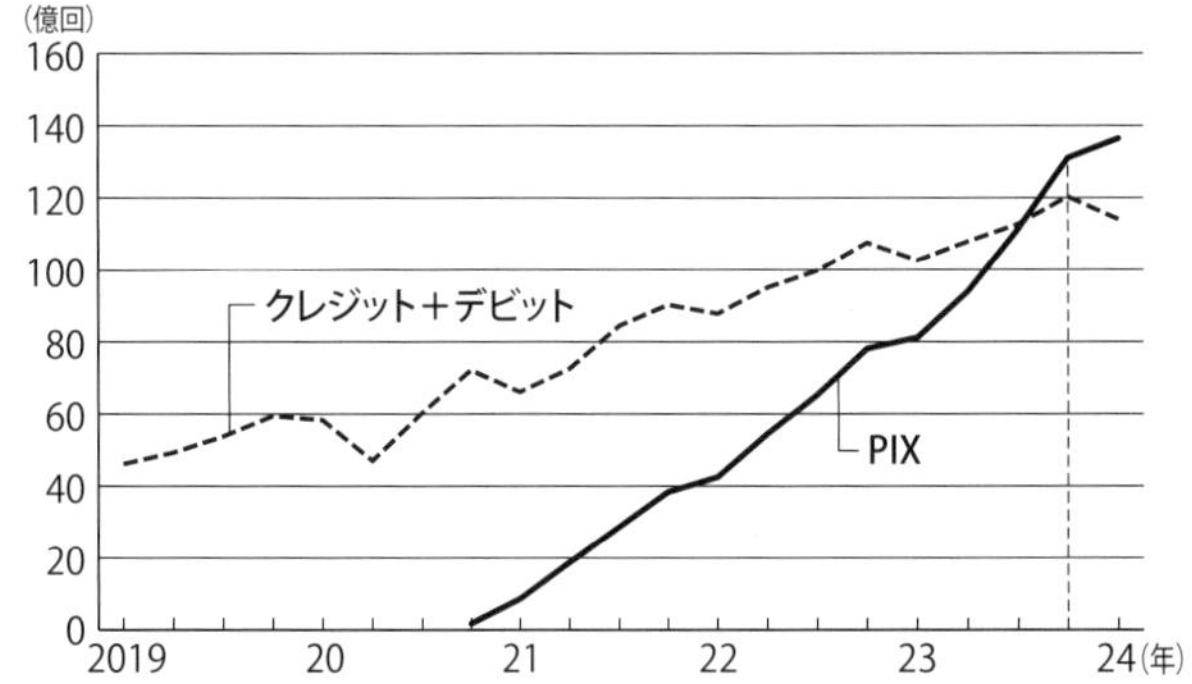


出所：ブラジル中央銀行、統計は四半期ごと

している店舗の売上高は、未対応の店舗よりも平均で１割多いという。

## クレジットカードを上回る決済数

ＰＩＸの２０２３年の年間決済件数は約４２０億回で、金額は17兆レアルだった。２０２３年10～12月の決済件数は約１３１億回と、デビットとクレジットカードの合計（約１２０億回）を上回り、逆転した。

オンライン決済を仲介するイーバンクス（ＥＢＡＮＸ）の報告書は、電子商取引（ＥＣ）でのＰＩＸの決済額は24年の１１１０億ドルから26年には１８４５億ドルに増えると予測している。占有率は24年の34％から26年には40％となり、クレジットカード（42％）に匹敵すると予測している。

銀行の口座から振り込む場合には１件あたり10

〜20レアル程度の手数料がかかるのが一般的だ。個人でＰＩＸを使う場合は手数料がかからない。国際通貨基金（ＩＭＦ）が23年7月に公表した報告書によると、企業がＰＩＸを使う場合は取引額の０・３３％かかる。それでもデビットカード（１・１３％）やクレジットカード（２・３４％）に比べると大幅に安い。銀行振り込みが減る一方で、全体の決済数は増えている。ＰＩＸ経由で電子決済を使う人が増えて、送金需要を喚起している実態が浮かぶ。

中銀が即時決済システムを構想し始めたのは16年に遡る。17年に中銀内での議論が具体的に始まり、18年にはワーキンググループが立ち上がった。19年には約１５００人を対象にした調査を実施し、より具体的な準備が始まった。当初は民間銀行やＩＴ企業への委託なども検討したというが、「十分な関心が示されなかった」（中銀でＰＩＸを担当しているブレノ・ロボ）という。

予算は19年から20年にかけては６００万レアルで、今後はメンテナンスに毎年４００万レアルかかるという。中銀内の担当者は60人程度で、それ以外に外部の担当者が20人ほどかかわっている。

中銀としては「金融包摂につながる」（カンポス・ネト総裁）のが大きな利点だ。ブラジルでは銀行の口座開設には多くの書類が必要で時間もかかる。低所得者層や非公式に就労する人を中心に銀行口座すら持っていない人も多い。

ブラジルには全国で5500以上の自治体があるが、このうち4割強に銀行の支店はない。地元紙フォリャ・ジ・サンパウロによると、20年3月から21年8月までに2080の支店が閉鎖となり、今後も削減は加速するとの見方が主流だ。

ネット銀行ヌーバンクは低所得者層や銀行の支店がない地域の人々を顧客として開拓し事業を拡大した。21年12月にニューヨーク証券取引所に新規株式公開（IPO）を果たした際の初値での時価総額は約520億ドルと、上場ブラジル企業で3番目の規模となった。

PIXはそうしたネット銀行からも漏れている人々を取り込める可能性も秘めている。例えば、先に取り上げたアンドラジは銀行口座を持っていない。自身の「PIXキー」を、電子商取引大手メルカドリブレが手がける決済サービス「メルカドパゴ」の「口座」にひもづけている。銀行ほどは審査が厳格でないフィンテック企業の口座を対象にすれば、PIXを使える層は広がる。

アンドラジはもともとはマンションの清掃員として働いていたが、新型コロナウイルスの感染が広がり始める直前に失業し、ここ2年は就業していない。道路での「収入」をおむつや牛乳といった生活必需品の購入にあてている。

サンパウロ州サンマテウスに自宅はあり、ホームレスではないが、妻と11歳、7歳、3

歳、２歳の４人の子供を抱える苦しい生活の一端は、ＰＩＸというインフラが支える可能性も大きい。

### 通貨流通量は初めて減少

すでに現金の製造や輸送費用の削減の兆しが出ている。２０２１年12月の紙幣と通貨の合計は３３９０億レアルと、20年に比べ８％減った。前年の水準を下回るのは、現在の通貨レアルが導入された１９９４年以降では初めてのことだ。新型コロナウイルスの感染拡大で実店舗の営業時間が短くなった影響もあるが、決済のデジタル化の進展が大きな要因といえる。

ＰＩＸの普及は負の側面もある。ＰＩＸを悪用した犯罪が増えている。偽サイトを使った詐欺事件は数多く報じられている。ブラジル大手紙エスタド・ジ・サンパウロによると、21年８月にサンパウロで起きた強盗事件では、犯罪集団は走行中の車のガラスを割って携帯電話を奪い、約30分後にはＰＩＸで５８００レアルを他の口座に転送した。

被害にあった銀行員は「非常に恐ろしい」と取材に答えた。短時間の電撃誘拐で、被害者本人の手でＰＩＸを使って送金させたり、ＡＴＭで現金を引き出させたりする事例もあり、警戒は強まっている。

中銀はこうした事件の増加を受けて、夜間（午後８時～午前６時）の送金限度額を１０００レアルに設定することにした。夜間取引の９割は５００レアル以下だといい、大きな影響はないと考えたためだ。

ＰＩＸ開始前にはちょっとした「トラブル」もあった。20年６月中旬に米フェイスブック（現メタ）が傘下の対話アプリ「ワッツアップ」を通じて始めた無料決済サービスは、ブラジル当局が１週間で運用の中止を命じた。競争環境やプライバシーの観点から検討が必要だとして運用をいったん止め、再開を認めたのはＰＩＸが始まった後の21年３月だった。当局がプラットフォーマーを警戒したとの見方が一般的だ。

## 「クレジットカードは近く消える」

中央銀行のカンポス・ネト総裁は22年８月の暗号資産（仮想通貨）関連のイベントで講演して印象的な言葉を残した。オープンファイナンス（開放的な金融システム）の進展によって「クレジットカードを持つ必要はなくなる。今後どこかの時点でクレジットカードは存在しなくなると思う」と述べたのだ。ブラジルではＰＩＸが信用機能を提供しているとも言及しており、クレカの「オワコン」（時代遅れ）説を唱えている。

２０２３年10月には米マイアミでのシンポジウムに登壇して、同様の趣旨の発言を繰り返した。「巨大なクレジットカード会社に現在支払っている金額を支払う必要はもはやない。現在ははるかに簡単で敏速な方法で支払える」と述べた。ブラジルで金融包摂が進んだことを受けて「世の中を最も民主化する手段はテクノロジーだ」とも言及している。

### ひそかに外国で普及

実はＰＩＸは外国にも飛び出している。アルゼンチンの首都ブエノスアイレスでＰＩＸという言葉を初めて聞いたのは２０２３年10月のことだった。多くの観光客が訪れる繁華街フロリダ通りを歩いていた時のことだ。

アルゼンチンでは当時、インフレが深刻だった。基軸通貨であるアメリカドルと自国通貨ペソを交換するためのレートは複数存在していた。左派の正義党（ペロン党）アルベルト・フェルナンデス政権が自国通貨が過度に下落しないようにコントロールに力を入れていたためだった。正式な両替所では１ドル＝３５０ペソだが、フロリダ通りにある両替商とやり取りすれば１１００ペソで交換してもらうことが可能だった。

アルゼンチン国民は自分の国の通貨ペソを信用しておらず、可能ならばドルやユーロ、あるいはブラジルレアルといった他国の通貨に両替するのが、資産価値の下落を防ぐための自己防衛手段だった。そこで、非公式の両替商は闇レートでの交換に応じて、アルゼンチンの自営業者や市民の需要を満たしていた。観光客にとっては自分が持っている米ドルをフロリダ通りに持って行けば、より良いレートでペソを手に入れることが可能だ。

その結果、フロリダ通りには「カンビオ（両替）、カンビオ」という両替商の掛け声が常に響いている。こうした両替商は「アルボリトス」という愛称で呼ばれる。スペイン語で「小さな木」を意味する言葉だ。同じ場所に長時間立ち、両手には葉っぱのようなドルをかかえていることから名づけられた。この両替人の口から、PIXという言葉が聞こえてきたのだ。私は女性の両替人に話しかけて事情を聞いた。もちろん主たる対象はブラジル人観光客だ。両替を希望するブラジル人は、両替商が指定するPIXキーにレアルを送金する。両替商は交換で、ペソの現金を手渡す仕組みだ。いつからPIXに対応するようになったのかと尋ねると「この半年ぐらいかな」と答えてくれた。

さらに会話を重ねていると、近くにある旅行会社を紹介してくれた。その事務所では机の上に「あなたのツアー料金をPIXで」と書かれた小さな看板があり、そこにはQRコードが印刷されていた。ブラジル人にとっては両替することなく、自国の通貨であるレアルで支払いを済ませることができる。アルゼンチンの旅行会社にとっても、通貨価値が下がりやすいペソではなく、レアルで受け取る利点は大きい。すぐ近くのワイン販売店でも、ブラジルの旗と共に「PIX」と大きく書かれた黒板を見かけた。

アルゼンチンのワイン販売店でもPIXは使用可能（2023年、ブエノスアイレス）

実はその前にはチリでも同様の体験をしている。23年6月に北部アタカマ砂漠を訪れた時のことだ。サンペドロデアタカマの小さな繁華街にあった旅行会社の入り口に「ＰＩＸ受け入れます」と書かれた紙が貼られていた。オーナーのひとりがブラジル人だということだった。

国外の旅行先で、普段自分が使っているアプリで支払いを済ますことができるのは便利だ。現状では、アルゼンチンで米ドルの紙幣が使われているのと同様で、規制当局が「違反」という判断をくだしておらず「黙認」ということなのだと思う。ブラジル側にとっては外国でも自自国製の決済が用いられることは利点が多いため、妨げる理由はないのだろう。かといって、積極的に利用を促すことはしていない状況なのだと考える。

辺境の国ではこれまで、ドルやユーロ、人民元の現金が交換手段として重宝されてきた。例えば、反米の国として知られるキューバやベネズエラ、ボリビアでも最も現地で喜ばれるのはアメリカドルだ。南米の主要な観光地でブラジルの決済手段の浸透が始まっているのは、非常に興味深い動きだ。今後この流行は一段と強まっていくと予想している。その時にブラジルと南米各国の当局がどのような対応に乗り出すかに注目している。ブラジルの当局者は公言しないが、ひそかに浸透を黙認していると私は考えている。

チリのアタカマ砂漠の旅行会社でも PIX が使える（2023年、チリ北部サンペドロデアタカマ）

## 高まるネット銀行の存在感

ブラジルでは金融とＩＴ（情報技術）を融合したフィンテック分野で新興企業が活躍している。そうした民間の基盤があってＰＩＸの活用が広がっているのだ。代表的な存在が２０１３年創業のネット銀行であるヌーバンク。スマートフォンのみで口座開設やカード発行が完結す

ヌーバンクは世界最大級のネット銀行（2023年、サンパウロ）

る利便さが売りといえる。24年5月には利用者数が1億人を超えたと発表した。発祥地のブラジルで9200万人、メキシコで700万人、コロンビアで1000万人の顧客がいる。発表資料では「アジア以外では初めてこの水準を上回ったネット銀行」と自賛しており、口座規模は世界で有数といえる。

創業者は南米コロンビア出身のダビド・ベレス最高経営責任者（CEO）だ。米西海岸の名門スタンフォード大学を卒業後、ゴールドマン・サックス、モルガン・スタンレーという投資銀行を経て、米大手ベンチャーキャピタル（VC）のセコイア・キャピタルに勤務した。同社で中南米投資を担当していた際、ブラジルで銀行口座がなかなか開設できなかった経験から、起業を思い立った。大手銀行での口座開設は本当に時間がかかる。身分証明書はもちろんだが、水道やガスといった公共料金の請求書が必要になり、入国当初は住居がない外国人にとっては特にハードルが高い。

ブラジルでは20年時点でも、国営と民間の大手5行が貸出残高と預金残高の7割強を占

**拡大するヌーバンクの規模**

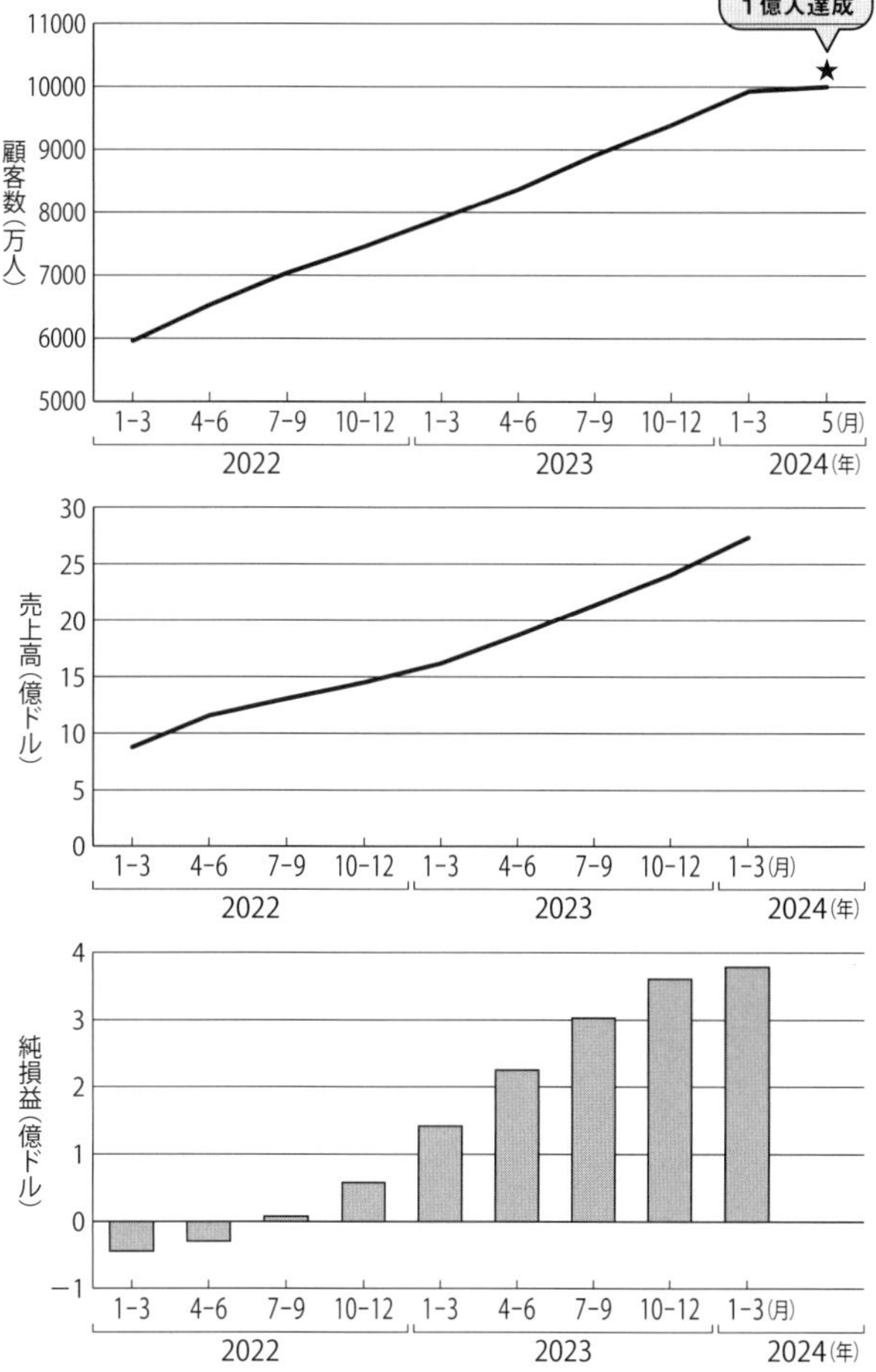

める、寡占的な市場だ。大手金融機関の商品やサービス向上への意識は低かった。ヌーバンクやC6銀行などのネット銀行は、使い勝手が良く、安価なサービスにこだわっている。低所得者層に金融サービスの門戸を開き、顧客獲得競争が激しくなったのがネット銀行の最大の功績といえる。これまでの銀行は口座の維持手数料やクレジットカードの高額な年会費を取っていたが、ヌーバンクは無料にした。銀行は「高嶺の花」だったわけだが、これによって初めて金融にアクセスが可能になった市民は多い。ヌーバンクはいまはクレジットカードに加えて、投資、個人向け無担保融資、保険、証券にサービスの範囲を広げている。

ヌーバンクによると、デジタルの仕組みを活用することで、23年には顧客にとって110億ドルの手数料削減につながったという。過去7年間で店舗での待ち時間を4億4000万時間削減した計算になるとの試算も示している。

ベレスCEOは「13年に我々は5年間で1000万人の顧客を集めるという野心的な目標を設定した。その時点ではほぼ不可能とさえ思っていた。それがわずか10年で1億人を超えた」と振り返る。

ヌーバンクの持ち株会社であるヌーホールディングスは21年12月にニューヨーク証券取引所に新規株式公開（IPO）した。初値は11・25ドルと、公開価格（9ドル）を25%

上回った。初値での時価総額は約５２０億ドル。地元紙エスタド・ジ・サンパウロによると、上場ブラジル企業では３番目の規模となった。国営石油会社ペトロブラス、資源大手ヴァーレに次ぐ規模で、一気にブラジルを代表する企業として金融市場に登場した。この時点で約３８０億ドルだった金融大手イタウ・ウニバンコ・ホールディングを上回っていた。

上場時の調達額は26億ドル。調達資金を用いてメキシコやコロンビアでの事業を拡大している。同社には著名投資家ウォーレン・バフェットが率いる米投資会社バークシャー・ハザウェイやセコイア・キャピタル、中国ネットサービスの騰訊控股《テンセント》というそうそうたる顔ぶれが出資しており、今後の成長への期待も高い。ベレスＣＥＯは上場時に米メディアであるＣＮＢＣの取材に応じて「今後は多くの銀行の実店舗は消えることになるだろう」と述べている。

本人提供

キーパーソン

**中山充 Mitsuru Nakayama**

ブラジル・ベンチャー・キャピタル最高経営責任者（CEO）
1975年12月3日生まれ

## 異色の日本人ベンチャー投資家

新興企業に投資するベンチャーキャピタリストとして、ブラジルでは「ちょっと知られた存在」の日本人がいる。最大都市サンパウロに住む中山充だ。これまで投資した企業はブラジルで27社、南米の他国で10社を数える。ブラジルを代表するスタートアップに成長した企業への投資実績も出始めている。30代半ばで初めて訪れたブラジルを舞台に、それまで積み重ねてきたキャリアで起業の種を開花させ、日本とブラジルの架け橋となった。

中山の会社「ブラジル・ベンチャー・キャピタル」は創業直後のシードやアーリーステージ（初期）に投資するファンドだ。オンラインと対面で、毎月30～50人の起業家の話に耳を傾け、意見を交わす。同社が投資を検討する企業は毎月300〜500社に達しており、この中から有望な投資先を厳選する。「とにかく多くの企業を見る。最後は経営者の覚悟を大事にしている」。

出資先で急成長を遂げている会社のひとつは、サンパウロが拠点のコンタシンプレスだ。同社は中小企業向けにコーポレートクレジットカードを発行して、円滑な営業や資金繰りを支援している。ブラジルの大手銀行は中小企業との取引に消極的で、クレジットカード発行へのハードルが高い。その市場を攻略した。

中山は「自分も中小企業を経営しているので、このサービスがほしかった」と、サービスが始まる前の2020年3月に投資を決めた。コンタシンプレスは現在、ユニコーン（企業価値が10億ドル以上の未上場企業）に届こうかという段階にまで成長している。創業者のロドリゴ・トグニニ最高経営責任者（CEO）は「何を経営指標にすればよいかを常に助言してくれ、必要な時の手助けも惜しまない」と成長を支援してくれた中山に感謝している。

いまでは「ブラジルの専門家」となった中山だが、南米の大国と出合ったのは11年、35歳の時だった。決して早くはない。ただ、それまで歩んできた人生の経験すべてが結実するタイミングでブラジルと出合い、花が開いた。

中山は1975年12月、東京で生まれた。都立国立高校時代には部活のバスケットボールに打ち込んだ。主将としてチームをまとめる日々の中で、ひそかに取り組んでいたことがもう一つあった。それが米国の衣料品の個人輸入を代行することだった。日本に未進出のアパレルのカタログ冊子を取り寄せて、興味ある知り合いに紹介した。Tシャツや短パンを輸入して1割ほどの手数料をもらうのが最初の「ビジネス」だった。

当時から漠然と「将来は自分で会社を経営したい」との思いは芽生えていた。早大商学部に進学して現代企業研究のゼミに入る。コンサルタント会社は当時、いまほどは人気職種ではなかったが、教授からゼミのプロジェクトで「コンサル会社に入れるかもね」と褒められたことで関心を持つようになった。大手から中小までコンサル会社ばかりに足を運ぶ就職活動で、98年4月に米コンサルティング大手ベイン・アンド・カンパニーに入社した。

だが、挫折はすぐやってきた。「賢い人しかいない。ここでやっていくのは無理かもしれない」と感じた。体力で勝負するしかないと割り切り、午前2時まで働くような日々を過ごす中で、経営戦略の基礎を学んだ。

2000年2月にベインを退社し、元上司と家具インテリアのレンタルで起業した。「スタイリクス」の運営会社であるフォー・ディー・コーポレーションの取締役として最高執行責任者（COO）的な役割を担い、10年間必死に働いた。

10年11月にスペインのIEビジネススクールへ留学したことが、転機となった。休暇期間の11年8～9月に、初めてブラジルを訪れたのだった。卒業後の就労場所を考える旅だったが、当初はブラジルに行く予定はなかった。同級生のブラジル人から「なぜブラジルを外してしまうのだ。外すにしても、行ってみてから外せ」と言われて考え直した結果だった。

サンパウロの中心部にあったその友人の実家に滞在しながら様々な人に会った。14年のサッカーワールドカップ（W杯）や16年のリオデジャネイロ五輪の開催が決まり、世界でブラジルへの関心が高まっていた時期でもあった。

ブラジルでの熱気に触れる中で、自然と「いまブラジルに行かないと機会を逃す」と思い始めていた。卒業後にブラジルに滞在できるよう、日本食レストランですし職人として雇用してくれるという口約束を取りつけつつ、もう一つの可能性にかけてみることにした。向かったのは、新卒で勤めていたベインのブラジル支社だった。友人の口利きも手伝って12年1月から働くことになり、今度はブラジル支社で東京時代と同じようなハードワークが始まった。頭の中では起業の種を探す日々ではあったが、「仕事が終わらないから、土日もずっと仕事をしていた」という。

2度目の起業はブラジルだった。16年2月、東京時代の知り合い4人と自身の資金の計

7000万円を元手に、会社を設立して投資を始めた。20年11月に設立したファンドの規模は5億円に膨らんだ。投資家の数も約20人に増えた。ブラジルや中南米の企業に投資しながら、日本企業のブラジル進出にも支援を始めた。

「非常に優れた水先案内人」。北海道帯広市に拠点を置く農業情報設計社の浜田安之社長は中山に感謝するひとりだ。スマートフォンを用いてトラクター運転を支援するアプリを展開する農業IT（情報技術）企業を経営している。

同社のアプリを使えば、農薬散布などの際のトラクターの作業効率が1割以上改善するという。ダウンロード数は累計180万に達しており、このうち3分の1がブラジルだ。アプリ自体は無料だが、全地球測位システム（GPS）や測位衛星システム（GNSS）の製品をアプリと併せて販売しており、農業大国のブラジルで売り上げが伸びている。中山が「農家の顧客やインフルエンサーをうまく紹介してくれた」ことで海外の事業拡大に弾みがついたと話す。

中山は、全く収入のない時期が何カ月も続いたことがある。友人には数千万円の年収を稼ぐ人が出てきていた時期でもあった。周囲と自分を比較してしまうことは多くあった。それがブラジルに来て楽になったのだという。ブラジルのスタートアップに投資する日本人という「唯一無二の存在になれた」からだ。

ブラジルはたくさんの社会課題をかかえている。貧富の格差や治安だ。距離が離れているというだけで、日本からは十分に焦点があたっていないのが現実だ。中山は「人生のＫＰＩ（重要業績評価指標）はブラジルに連れてきた日本人の数」と話す。自分の活動を通じて、日本とブラジルをつなぐ人を少しでも増やし、両国の交流を活発にしたいと考えている。

ブラジルでもおなじみの「スシ」（2012年、サンパウロ）

# 第6章【日本との関係】

# 進む民間協力

## ——距離の壁越えパートナーに

## 「日本人は信頼できる」

「ブラジルの中にある日本」というと、サンパウロ市の東洋人街リベルダージが真っ先に思い浮かぶ。地下鉄の駅名は2018年8月に「リベルダージ」から「ジャポン(日本)―リベルダージ」となった。最近は中国系や台湾系、韓国系の影響力も強まっているが、それでも真っ赤な大鳥居、日本庭園、灯籠、「大阪橋」、日本食のレストランやスーパー、日系の病院など、日本人になじみのある風景が広がっているのは独特だ。週末は多くの露店が出て、観光客でにぎわっており、身動きが取りにくいほどの混雑ぶりが続いている。アニメのキャラクターを装うコスプレ姿の若者も多い。

ブラジルで日系人社会の中心的な機関である「ブラジル日本文化福祉協会(文協)」があるのもリベルダージだ。この建物の中には1978年に開館した「ブラジル日本移民史料館」がある。私自身この史料館に入るたびに背筋が伸びる思いをしてきた。会社の同僚や日本からの知人がサンパウロを訪れた際には、必ずリベルダージの街歩きとこの史料館の見学を薦めている。初期移民の住居を再現した建物、入植地での生活の写真が多く展示されており、「ジャポネズ・ガランチド(日本人は信頼できる)」と呼ばれる今日の地位を築き上げるための苦労の歴史が詰まっている。

日系人は苦しい生活を余儀なくされただけでなく、迫害にもあってきた。43年にはサンパウロ州サントスで、６５００人に及ぶ日系人が24時間以内の強制的な立ち退きを命じられたことがある。46年から２年間にわたり、１７０人以上がサンパウロ州沖にあるアンシエッタ島の監獄に収容された歴史もある。第２次世界大戦でブラジルは連合国軍側につき、日本と国交を断絶していたためだった。そうした過去の歴史を巡り、ブラジル政府は２０２４年７月25日、政府として初めて公式に謝罪した。日系人で構成するブラジル沖縄県人会などが名誉回復を求めて訴えていた成果だった。

リベルダージは東洋人街として知られる（2021年、サンパウロ）

　日系人との関係も基盤に、現代の日本企業も活躍している。スーパーやコンビニエンスストアではヤクルト本社、味の素、日清食品ホールディングスといった企業の食品が目立つ。最近はキッコーマンのしょうゆや調味料も見かける機会が増えてきた。ショッピングセンターではスポーツ用品店にミズノやアシックスの運動靴が並んでいる。街中で歩いてい

銀行も日本風の店構えに（2024年、サンパウロ、ブラデスコ銀行）

カタカナで書かれた「マクドナルド」（2024年、サンパウロ）

たり、車に乗っていたりすると、大創産業の100円ショップDAISOのピンク色の看板、ゼンショーホールディングスのSUKIYAという文字と牛丼の写真、公文教育研究会のKUMONのロゴマークを見かける。

ブラジルの新車市場は欧州メーカーが強いものの、トヨタ自動車、日産自動車、ホンダは日本企業の代名詞として知られ、一定の存在感はある。タイヤのブリヂストンや建機のコマツもよく知られている。ソニーやパナソニックは有名ではあるのだが、ブラジルでの電気製品の商品群展開は少なくなってきている。残念ながら韓国や中国の競合企業に押されて、日常生活に身近なところではパッと目立つとまではいえない状況になっている。

大手商社は多くの分野で貿易や投資を手がけている。企業名が前面に出るような案件は多くないため、全般的にはブラジル国内での知名度が高いとはいえないが、最大の投資実績を誇る三井物産の場合はブラジル人企業家の間では「ＭＩＴＳＵＩ」としてよく知られている。鉄鉱石大手ヴァーレの株主であることが大きい。経団連の日本ブラジル経済委員会委員長を務めるのが通例で、日本企業の顔役といえる。両国の企業経営者や閣僚経験者から構成する「賢人会議」は、２カ国の課題や協力分野を取り上げて両国の政府首脳に伝える重要な役割を果たしている。２００７年に第１回会合が開かれ、その後は年１回をメドに会合を開いている。三井物産の社長を務めた飯島彰己が日本側の座長を務める。

## 日系企業の拠点数では19位にとどまる

サンパウロに住んでいると、日本企業の活躍を目にする機会は多い。ただ統計数字を眺めていると、異なる感想を持つ。外務省が２０２４年７月に発表した「海外進出日系企業拠点数調査」によると、ブラジルにある日系企業の拠点数は６５６と、国・地域別で19番目だ。ブラジルは国内総生産（ＧＤＰ）規模では世界で９位であるので、進出の規模としては寂しい。

中南米ではＧＤＰ規模が12位のメキシコに１４９８社が進出しているのに及ばない。メ

**海外進出日系企業拠点数**

| | 国名 | 企業拠点数 | 名目GDP順位 |
|---|---|---|---|
| 1位 | 中国 | 31060 | 2 |
| 2位 | 米国 | 8982 | 1 |
| 3位 | タイ | 5856 | 27 |
| 4位 | インド | 4957 | 5 |
| 5位 | 韓国 | 3003 | 14 |
| 6位 | ベトナム | 2394 | 34 |
| 7位 | インドネシア | 2182 | 16 |
| 8位 | ドイツ | 1947 | 3 |
| 9位 | マレーシア | 1617 | 37 |
| 10位 | フィリピン | 1604 | 33 |
| 11位 | メキシコ | 1498 | 12 |
| 12位 | 台湾 | 1496 | 22 |
| 13位 | シンガポール | 1113 | 32 |
| 14位 | カナダ | 982 | 10 |
| 15位 | 英国 | 928 | 6 |
| 16位 | オーストラリア | 844 | 13 |
| 17位 | フランス | 820 | 7 |
| 18位 | オランダ | 700 | 17 |
| 19位 | **ブラジル** | **656** | **8** |
| 20位 | ミャンマー | 434 | 87 |

**経済規模に比べ、企業数はまだ少ない**

※名目 GDP は国際通貨基金（ＩＭＦ）の2024年見通し
出所：外務省（2024年７月発表）

キシコは米国向けの輸出拠点として、特に自動車関連産業の進出が増えている。中央部「バヒオ地区」には完成車メーカーだけでなく、多くのサプライヤーが進出している。メキシコは米国と比べて賃金が低いことが、製造拠点として存在感を発揮できる要因だ。米国が経済安全保障を重視し、中国からの輸入を抑えようとしていることもメキシコにとって追い風になっている。

ブラジルの場合、近隣の国に比べて賃金は安いとはいえない。南米南部共同市場（メルコスル）としての自由貿易協定（ＦＴＡ）網も狭いため、輸出拠点として活用することは容易ではない。すると2億人以上の内需をいかに自社のビジネスに取り込んでいくかを考えることが重要になる。農作物や天然資源の供給元と捉えつつ、製品の販売先という消費市場としての位置づけだ。ブラジルは中南米最大の経済規模を誇る。日本国内の人口減を踏まえて国際化を急ぐ日本企業にとっては、進出するかしないかを考える国ではなく、どのように出るかを考える国であろう。米国や欧州に拠点がある企業からすれば、地理的に近い新興国としてブラジルは優先順位が高い。日本に本社がある企業がまずアジアに目を向けるのと同じ構図だ。地球の反対側という遠くに位置するため、ブラジル滞在経験がある人が少なく、「食わず嫌い」が理由で進出が遅くなっているのではないかと感じている。

## 浸透する「ヤクルチ」

ブラジルに浸透している企業の代表格にはヤクルトがある。1968年にサンパウロ州サンベルナルドドカンポ市に工場を完成しており、歴史は長い。現地の人々の間では「ヤクルチ」と発音されるヤクルトがブラジル企業だと思っている人もいて、日本の企業だと伝えると驚かれることも頻繁にある。日本企業の場合、駐在員は3〜5年程度で交代するのが一般的だ。ヤクルトの場合はいったん赴任すると長期間の勤務になるケースが多く、商習慣への習熟や駐在員の覚悟が、ビジネスが成功している要因だと感じる。

ヨーグルト飲料市場でのシェアはフランスの食品大手であるダノンに次いで2位につける。日本人にはなじみがある乳酸菌飲料「ヤクルト」だけでなく、ヨーグルトやリンゴジュース、栄養ドリンク「タフマン」も商店の棚には並ぶ。

「ヤクルトレディ」による日本式の宅配システムも機能している。現地法人の根本篤社長は、ゼロからの販売組織づくり、現地生産主義の徹底という2つが強みだと言及する。約4300人のヤクルトレディが、赤い手押し車でひとり40〜50軒を担当しており、中間層から低所得者層向けに口コミを通じた地道な商品説明が功を奏している。同社の調査では、宅配購入の動機としては利便性、販売員との良好な人間関係が大きい。顧客との頻繁な接触によって、顧客自らが年齢に適した発酵乳はどれかを理解しているのだという。これまでは宅配の体制が、ブラジルの脆弱な物流インフラをカバーしてきた側面も見逃せない。今後は「ヤクルトレディ業務の近代化が課題」（根本社長）だという。先に取り上げた官製決済システムＰＩＸの浸透で、ヤクルトレディが現金を持ち運ぶ必要性も徐々に下がっている。現金が手元にあると、どうしても盗難リスクを抱える。キャッシュレスの進展はヤクルトレディにとっても安心材料といえそうだ。

南部サンタカタリナ州ラジェスには１９７８年７月から拠点を構え、乳牛の飼育や原料のリンゴ果汁製造にも取り組んでいる。自らが生産者としてリンゴ「ＦＵＪＩ」を出荷しているほか、周辺の農家からもリンゴを集めて果汁に加工している。

２０１３年に訪問した際、リンゴを15トンも積んだトラックが次々とやってくるのに驚いた。当時はリンゴ果汁の需要が急速に増えていた時期だった。13年1〜6月期は前年同期に比べて３割以上伸びた。ブラジル政府が09年7月に学校給食での炭酸飲料禁止の方針を示したことを受け「毎年３割に近い２ケタ成長を続けている」（当時現地法人の社長だった天野一郎）とのことだった。

## ブラジル駐在から企業トップに

2024年前半はブラジル駐在を経験した日本人経営者を取り巻くニュースが相次いだ。SOMPOホールディングスは1月、奥村幹夫が社長兼最高執行責任者（COO）からグループCEOに昇任すると発表した。保険金を不正請求した中古車販売大手ビッグモーターとの取引問題からの再生に取り組む。奥村は「不退転の覚悟で企業風土の改革に取り組んでいく」と語った。

奥村はサッカーの名門である筑波大の蹴球部出身だ。元日本代表の長谷川健太が同級生で、後輩には中山雅史や井原正巳がいる。そうそうたるチームメートと共にボールを追いかけた後に、ブラジルに留学してサッカーだけでなく、語学の腕を磨いた。卒業後は旧安田火災海上保険に入社して同国に駐在した経験がある。

いったん退社して投資銀行に勤務した時期もあったが、09年に現在のSOMPOに復職したのはブラジルでの事業にかかわるためだった。同社が買収した個人向け保険マリチマの取締役として、再編を担った。南米安田保険との合併という利害関係者が多い難しい課題に取り組んだ。

14年にはサッカーのワールドカップ（W杯）ブラジル大会があった。サンパウロに駐在していた奥村は当時、日本サッカー協会の国際委員を務めていた。キャンプ地の選定などで協会関係者を手助けしており、社業の枠にはとどまらない活躍が当時の駐在員の間で話題だった。

奥村は帰国後に介護事業の責任者を務めていた際には自転車に乗って普段着で自社の施設を回る現場主義で知られ、海外保険子会社のトップとしては北大西洋の英領バミューダ諸島の駐在も経験した。21年12月、次期社長に決まった際の会見では「現場とコミュニケーションをとり、強い覚悟でチャレンジする」と述べていた。

2月にはトヨタ自動車で中南米本部長としてブラジルに駐在中だった井上雅宏が3月1日付で子会社であるダイハツ工業の社長に就任することが固まった。完成車の認証試験での大規模不正からの立て直しの指揮をとるためだった。

井上は2月の会見で「自身が現場に出向き、自分から話しかけ、信用してもらい、本音の話を聞くことから始めたい」と述べ、コミュニケーションを重視して組織改革に取り組む考えを示した。

井上はトヨタ入社から36年間の会社員人生の約半分を海外で過ごした。社内外から定評があるコミュニケーション能力の高さが売りだ。ブラジルでは現地社員から「Massa（マッサ）」の愛称で呼ばれ、堪能なポルトガル語で距離を縮めてきた。ブラジルの代名詞であるカーニバル（謝肉祭）にはサンパウロで踊り手として参加した経験もある。

3度目となる直近のブラジル駐在では、トヨタにとって大きな決断の遂行を迫られた。サンベルナルド工場（サンパウロ州）の閉鎖である。この工場は1962年、トヨタにとっては海外で初めて完成させた重要な生産拠点だった。60年の歴史の幕引きは地元にとっても重く、慎重な対応が求められた。

井上は労働組合、サンパウロ州、サンベルナルドドカンポ市などと粘り強く交渉を重ねた。当初は2023年11月の工場閉鎖前に、来賓やメディアを招いての式典を計画していたが、労働組合員の反発が強いと分かると修正を決断。販売会社や工場OBら少人数の関係者が参加する形式に切り替える配慮を示した。

日本企業の国際化が進み、新興国の駐在を経験した経営人材の重みは増している。SOMPOとダイハツの共通点は、不祥事に揺れる日本企業ということだ。豊富な海外経験で培ったコミュニケーション能力の高さに加えて、経済や社会の揺れ幅が大きい新興国について熟知した経験を組織再生に生かすことを期待された人事だった。

井上と奥村はサンパウロ駐在が重なった際には毎週のようにサッカーボールを追いかけた仲間でもある。両氏と頻繁にプレーしていた団体職員の井上徹哉は「優れたリーダーシップと明るい人柄は共通している」と話す。プレーでは「井上は堅実で正確なディフェンス、奥村は攻守に秀でた万能型のプレーヤー」なのだという。

ブラジルの駐在を経験した人材が経営トップとなることは、まだまだ決して一般的とはいえない。とはいえ、帰国後に本社で役員として活躍するケースは増えているように思う。日本製鉄の橋本英二会長兼CEOはブラジルに駐在して、同国鉄鋼大手ウジミナスの経営権を巡って、アルゼンチンの鉄鋼大手テルニウムと激しい交渉を重ねた。日本ケンタッキー・フライド・チキン（KFC）社長だった近藤正樹は、三菱商事の食品畑を歩み、コーヒーに詳しい。同社のブラジル法人トップ、ブラジル日本商工会議所会頭を経験した後に、出資先のKFCに転じ、業界団体の日本フードサービス協会（東京・港）の会長も務めた。

## 2代続けてブラジル経験者が社長の「味の素」

ブラジルの現地法人トップ経験者が2代続けて本社社長になった味の素のような例もある。2013年8月からブラジル法人の社長を務めていた西井孝明は15年6月、本体の社長に昇格した。西井が6年務めた後、その後任として22年4月に社長を引き継いだのが藤江太郎だ。ブラジル法人でも西井の次の社長が藤江だった。味の素の場合、ブラジル法人の扱っている商品数の多さが、グローバルの責任者としての経営に役立つのだという。

味の素は当時、ブラジルをインドネシアやタイなどと並んで「5スターズ」として新興国の重点地域に位置づけていた。西井のトップ就任が決まった直後、サンパウロにある味の素のオフィスを訪れたことがある。そこには、調味料、粉末ジュース、飼料用アミノ酸など多くの自社製品が並んでいた。「社員でも別事業にかかわっていれば製品名さえ知らない」。従業員が社長室を訪れた際に、自分が所属する部署以外の製品を知ってほしいとの願いがこもっていた。社内の風通しを良くしようとしてきた西井の方針を象徴するこだわりの部屋だった。

ブラジル時代の西井は社内向けに経営計画を説明する機会も新たに設けて、コミュニケーションを重視してきた。ブラジルは欧州やアフリカ、アジアといった世界各地からの移民で成り立ってきた国で、混血が進んでいる。「多様な価値観を当たり前に認め合っているからこそ、経営がフェアかどうかについての感度が非常に高い」と感じていた。ブラジル法人の社長を務めていた約2年間で、普段は明るく接してくるブラジル人社員でも、西井を冷静な目で評価している印象を受けた。「ブラジルはグローバル味の素の縮図といえる。非常に良い経験を積めた」と振り返る。

ブラジル法人の社長から本体の社長への就任という事例について、ブラジル日本商工会議所で当時、事務局長を務めていた平田藤義は「聞いたことがない」と話していた。1967年からブラジルに在住し、ロームの現地法人社長を経験したブラジルでの日本企業の生き字引的存在の平田にとっても驚きのニュースだった。

日本企業の現地幹部からは「西井さんのプレゼンはすごく分かりやすかった。リーダーとしての資質を感じる」といった声を複数聞いた。同じ国に、同じタイミングで駐在していると、企業の枠を超えて、交流を深める機会が多い。ブラジルで働いていた「同僚」の出世に、自らの将来を重ね合わせたブラジル法人幹部も多かった。

2010年ころ、「シンガポール派」の伸長が話題を呼んだことがある。パナソニックの大坪文雄、三菱商事の小林健、旭化成の藤原健嗣という各社の社長は、いずれもシンガポールの現地法人の社長や支店長を経験して上り詰めた。「ブラジル経由経営トップ」という道が今後は一段と拓けていくことを願いたい。

## 国家プロジェクトの歴史

日本とブラジルは、アルミや鉄鋼、パルプといった分野で政府と企業が協力して取り組んだ国家プロジェクトの歴史がある。日本の人的、技術的な支援はブラジルの経済発展に貢献したと評価されている。

日本とブラジルの両国政府は1976年、共同でアルミニウムを精錬する「アマゾン・アルミニウム事業」に取り組むことに合意した。日本側は海外経済協力基金（OECF、現在の国際協力機構＝JICA）と民間企業32社が参画した。

アルミニウムの原料となるアルミナを生産するアルノルテ、アルミナを電気分解してアルミ地金を作るアルブラスの日伯合弁の2社は78年に北部パラ州で設立された。実際のアルミ生産は85年に始まり、アルミナ生産は95年に始まった。2023年にはアルミナを年間600万トン強、アルミを45万トン生産した。ブラジル国内のアルミナ生産の6割程度、アルミ生産の半分弱を担う重要企業といえる。輸出も手がけており、日本のアルミ新地金需要の約1割をまかなう役割を果たしている。アルノルテ、アルブラスの2社は直接・間接合わせて1万人弱を雇用している。21年の州内総生産の6・5％程度をしめるパラ州にとっては不可欠の企業だ。

両国が外交関係を樹立して120年の節目だった15年、パラ州のシモン・ジャテネ知事は州の発展に貢献した日系団体や企業を表彰することに決めた。同州の州都ベレンでは大きなイベントである5月の「ブックフェア」では日本がテーマ国となり、その会場の一角で式典が開かれた。

記念のメダルを授与された中村隆至は「アルブラスを助けてくれた日系社会に感謝したい」と感激した面持ちだった。中村は当時、アルブラスで社長代行（副社長）を務めていた。プロジェクトが始まって間もない1978年から事業に携わり、ブラジルでの在勤はこの時点で通算28年を数えていた。

## 農業での協力、リンゴ栽培も

農業分野でも協力体制は組まれていた。ブラジルはいまや世界有数の農業生産国となったが、かつては違った。駐日ブラジル大使を務めたアンドレ・コヘアドラゴは「１９８０年代までは穀物の純輸入国だった。食料輸出拠点に変貌した背景には日本の協力がある。79年に国際協力機構（ＪＩＣＡ）の技術と資金の協力を受けて始まった開発計画はそのひとつといえる。不毛の土地とされてきた内陸部のサバンナ気候地帯『セラード』が、大豆畑として活用できるようになったのは大きかった」と振り返る。

70年代以降、日本は人材と開発援助資金を投入して、熱帯サバンナ地域を農地に転換していくことを支援した。不毛の土地が、大豆やトウモロコシを中心とした巨大なプランテーションとなった。生態系の破壊を主張する人々もいるが、日本政府は食料安全保障に対応したモデルケースと位置づけている。両国の首脳や閣僚の間の協議でも頻繁に出てくる話題だ。

農業協力にはリンゴの普及も含まれている。ブラジルというと暑いイメージで、日本では寒い地域で育つリンゴとはかけ離れているように思える。ただ広いブラジルには、リン

農業協同組合に導入された、大きさや色でリンゴを分類する機械（2013年、サンタカタリナ州サンジョアキン）

ゴの栽培適地もある。

例えば南部サンタカタリナ州では冬の7月に氷点下まで気温が下がる日もある。同州ウルビシでは96年にマイナス17・8度となり、ブラジルの最低気温を記録した。寒暖の差は果樹栽培に向いており、リンゴやブドウの産地として知られる。

同州南部サンジョアキンは標高約1400メートルに位置し、ブラジルで数少ない雪が降る場所だ。ここに日系人の農業生産者が集う農協がある。93年に設立したサンジョアキン農業協同組合（SANJO）は、日本人移民やその子孫が組合員の大半を占める。

SANJOが出荷する「FUJI」はリンゴのブランドとしてブラジルで知られている。サンパウロのスーパーでは当たり前のように並んでいる。ミッキーマウスが印刷された袋に入ったリンゴは子供たちに人気だ。

組合の設立当初は１万５０００トン程度だった取扱量は２０１３年時点で４万５０００トンまで増えた。当時の清水信良理事長は「日本と異なり、リンゴを切らずにそのまま食べるブラジルでは中〜小玉が人気がある」と語る。

ＳＡＮＪＯはリンゴを大きさや色づきで自動的に分類する機械を導入しており、４つのランクに分けて出荷している。洗浄用の水は１年間同じ水を再利用するなど環境保護にも取り組む。工場に隣接した場所には直営店舗もあり、ジュースやワイン、ジャムなどの製品を購入できるようになっていた。

ブラジルはもともとは隣国のアルゼンチンからリンゴを輸入していたという。１９６０年代に日本政府が協力して果樹栽培に適した場所を調査。71年にサンタカタリナ州に国際協力機構（ＪＩＣＡ）の専門家として、元長野県果樹試験場場長の後沢憲志が派遣されてリンゴ栽培が本格化していった。その後も土壌管理や病害虫対策といった専門家の派遣は２００１年まで、30年にわたる技術協力が続いた。

日本で農業研修を経験した生産者も多い。リンゴの代表的な産地である青森県は同州と友好協定を結んでおり、技術者を派遣し、研修者を受け入れてきた。当時のＪＩＣＡブラジル事務所の室沢智史所長は「ブラジルがリンゴの輸入国から輸出国に転換できた。公的な機関の技術協力の成果を民間が発展させた好例だ」と話していた。

国連食糧農業機関（FAO）によると、ブラジルのリンゴの生産量は日本を上回っている。「真夏」のイメージが強いブラジルだが、日本と育んだ冬の果物リンゴは、着実に成長している。

## 岐路に立つ日本との協力事業

日本とブラジルは1950年代から70年代を中心に、多くの国家プロジェクトがあった。日本は高度経済成長を迎えて、技術力や資本力を蓄積し始めていた。ブラジルは、外国からの技術導入や輸入代替を促進するために、パートナーを求めていた。

先に書いたアルミや農地改善などのプロジェクトだけでなく、石川島重工業（現在のIHI）が出資した造船のイシブラス、日本製鉄の前身企業が建設・運営に協力したウジミナス製鉄、王子製紙や伊藤忠商事が出資したユーカリ材パルプ製造のセニブラなどがある。日伯の経済協力の歴史を刻むこうしたプロジェクトの歴史は2014年、展示パネルとなって、外交関係樹立120年を祝う各地の式典を巡回していた。アルブラスを表彰する式典があったベレンの会場でも展示されていた。

ただこうしたプロジェクトはいま岐路に立っている。最近は経営体制の変更も目立つ。

アマゾン・アルミニウム事業で日本側のパートナーは11年以降、ノルウェーのアルミ大手ノルスク・ハイドロとなった。ブラジル側は資源大手ヴァーレが進めた事業の選択と集中に伴い撤退したためだった。ウジミナス製鉄では、日本製鉄のパートナーはアルゼンチンに拠点を持つ鉄鋼大手テルニウムだ。両社は経営権を巡って対立を続け、日本製鉄は株式の一部を売却して経営への関与を弱めている。

日本とブラジルが過去に手がけた事業は変化する一方で、中国とブラジルは関係強化が進む。中国は超々高電圧（UHV）の送電システムや資源への投資、電気自動車（EV）の輸出で存在感を発揮する。

日本政府高官は「資金面で中国に対抗するのは無理がある」と話す。14〜16年に駐ブラジル大使を務めた梅田邦夫は「ブラジルは世界有数の親日国。日系社会に加えて、国家プロジェクトが信頼関係の基盤を醸成した」と話す。その基盤の上に何を築き上げるか。容易ではないが、新たな経済協力の形をいかに作っていくかが大きな課題となっている。

## スタートアップ企業の投資がさかんに

両国の関係で期待できる新たな芽生えもある。それが日本のスタートアップ企業によるブラジルへの投資だ。２０２２年10月、ブラジルの公的機関などによる選考を通過した日本企業5社が2週間、最大都市サンパウロに滞在して、提携先候補となる企業や投資家と面談を重ねていた。

衛星データを活用して農家を支援する企業サグリの永田賢・最高戦略責任者（CSO）はこの時の初めての訪問で複数の提携先の候補企業と面会した。その後もブラジルを繰り返し訪れており、南部のパラナ州やサンタカタリナ州、中西部マトグロッソ州で各地の農協と実証試験を始めている。衛星の画像データを取得して土壌を解析、肥料の最適な使い方を助言して、肥料の使用量の削減につなげていきたい考えだ。永田CSOは「国土の広いブラジルでは研究所にデータの分析を依頼すると結果を手に入れるためには30〜40日かかっていたが、サグリの衛星データ分析システムを用いれば1日に短縮できる」と利点を強調して、顧客拡大を狙う。

香川大学発スタートアップのメロディ・インターナショナルは、妊婦や胎児の健康状態を遠隔でモニタリングする「分娩監視装置iCTG」の輸出を目指している。ブラジルは新生児の死亡率が日本の約8倍、妊婦死亡率が約18倍だという。海外事業を担当する長谷川乃扶子は「国土は広大で専門医は少ない。へき地の妊婦や胎児の健康管理で需要は大きい」と感じている。へき地や被災地などでもWi-Fiで接続できれば、危険な状況を敏速に察知できるようになる。サンパウロ州立大学医学部附属病院やアルベルト・アインシュタイン病院と協力して、パイロット事業に向けて動いている。

ドリームストックはサッカー選手とクラブを仲介するアプリを運営している。選手が自らの技を動画で投稿してアピールする一方で、クラブは足りないポジションの補強の参考にできる。世界のサッカー人口は3億人以上、クラブチーム数は30万以上にのぼるとされる。選手とクラブのニーズは世界各地にいる代理人やスカウトが間を取り持つのが一般的だ。ただ世界の強豪が集まる一部の欧州のクラブ以外では、両者のニーズを結びつけるのは容易ではない。クラブ側の需要と選手のプロフィールを擦り合わせ、テクノロジーで距離を乗り越えることを目指す。「ボールとスマートフォンでプロ選手を目指そう」をコンセプトにしている。ブラジルのサッカークラブで提携先は増えている。

今回日本企業5社が参加した「スケールアップ・イン・ブラジル」は19年に始まった。スタートアップ企業はブラジルでの滞在拠点や商談のあっせんを受けることができ、ビジネスの立ち上げや事業拡大を検討する。当初はイスラエル企業のみが対象だったが、22年から日本とシンガポールが加わった。ブラジル輸出投資振興庁（APEX）、ブラジル・プライベートエクイティ・ベンチャー・キャピタル協会（ABVCAP）、イスラエル貿易投資庁、日本貿易振興機構（ジェトロ）、シンガポール企業庁が共催している。

ABVCAPのアンジェラ・シメネス会長によると、19～20年にこの事業に参加した15

社のイスラエル企業のうち、8社がブラジルに進出したり、事業を拡大したりしたという。ブラジルにとっては26人の雇用先につながった。シメネスは「ITが進んでいる日本企業の投資を後押ししたい」と述べた。さらなる対象国の拡大も検討していく。ABVCAPによると、ベンチャーキャピタルとプライベートエクイティによる投資額は21年に538億レアルと20年比で2・3倍に膨らんだ。

ジェトロサンパウロ事務所の所長だった原宏は「法制度が複雑なブラジルへの進出は容易ではない。ただ社会課題は多く、事業機会にあふれている」と述べ、今後の両国の関係拡大に期待を示す。

## ビザ取得義務の撤廃

ブラジルと日本の両国政府は2023年8月、両国民が観光などの目的で双方を訪れる場合に査証（ビザ）の取得義務を撤廃することで合意したと発表した。両国の国民は同年9月30日から、双方に最長90日間の短期滞在では査証取得が必要なくなった。ビジネスでの出張や観光、日系人による親族訪問には追い風になる。

ここに来るまでには曲折があった。話は10年以上前に遡る。13年11月、ブラジルで当時発行されていた邦字紙であるニッケイ新聞とサンパウロ新聞に一風変わった意見広告が相次いで掲載された。そこには「日本とブラジル2国間の査証免除協定締結の早期実現を」と書かれていた。日本で就労する日系人向けの情報提供や相談を手がける国外就労者情報援護センター（CIATE）が、主要日系人団体の賛同を受けて出したものだ。広告の冒頭には「私たちは、鈴木英敬三重県知事と全国知事会に感謝します」とも書かれていた。

経緯はこうだ。当時三重県知事を務めていた鈴木英敬知事（現在は衆議院議員）は13年8月、三重県人の移住100年と、三重県とサンパウロ州の姉妹提携締結40年を記念してブラジルを訪れた。その際に日系人団体の幹部らと懇談。ブラジル在住の日系人のうち、特にブラジル国籍を取得した人が、日本に入国する際にビザ取得で苦労していることを知った。

日本は中南米で、アルゼンチンやメキシコなど12カ国とはすでにビザ免除を実施していた。世界でも70弱の国や地域と協定などを結んでいるにもかかわらず、ブラジルは取り残されていたのだ。

鈴木知事は岸田文雄外相（当時）らにビザに関して要望するとともに、ブラジル人移住者の多い15県知事、7市長に呼びかけてビザ免除を求める提言書をまとめた。全国知事会は11月8日にこの提言書を了承し、知事会の総意として日本政府への働き掛けが始まった。

知事会は将来的に、2国間の行き来にビザが必要なくなることを求め、その前段階としてブラジル人が観光や親族訪問で日本を訪問する際に必要なビザの有効期間を90日から3年に延ばすように求めた。日本政府はこの時期、査証の発給要件を相次いで緩和していた。特に東南アジアで顕著で、タイやマレーシアなどに対してビザの有効期間を長くし、観光客の増加に結びつけていた。

ブラジルは12年の訪日客が3万2111人と、11年の1・7倍に急増したことがあった。有力サッカーチームであるコリンチャンスがクラブW杯を日本で戦ったため、多くの熱心なファンが日本を訪れた。家財を売ってお金を作って横浜での決勝戦を観戦したサポーターもいた。仮にビザ免除が実現すれば「これまで取り逃していた需要を取り込める」（福嶌教輝・サンパウロ総領事）というのは関係者の間で一致した見解だった。それまでも実際に両国で「ビザなし」を探る動きはあったが、最終決着にはなかなか進まなかった。

それが右派ボルソナロ政権だった19年6月、観光促進の目的で日本、米国、カナダ、オーストラリアの国民を対象に、短期滞在でのビザ取得の免除が決まった。日本人はこのタイミングからビザ取得が必要なくなった。

ところが左派のルラ政権は23年3月、相互主義の観点から同年10月からビザ取得義務を再開する方針を示した。この動きを受けて作業を急いだのは日本側だった。ルラが広島でのG7首脳会議に参加した23年5月、首相となっていた岸田はルラに対して、ビザ免除に向けた手続きを始めると表明したのだ。これを受けて、ブラジル側もビザ免除継続を決めた。その結果、23年9月30日以降は、両国の行き来でのビザなしが決まった。ブラジル外務省は公表した声明で「日本からの集団移民115年を祝う年に、両国の人的交流と関係深化に貢献する」と言及した。ビザというハードルがなくなったことで、観光だけでなく、ビジネス面でも関係深化を期待する声は強い。

インバウンド（訪日外国人）は13年に初めて1000万人の大台に乗った。16年に2000万人を超え、新型コロナ禍でいったん落ち込んだが、円安も後押しして、近く年間4000万人超となる見込みだ。ブラジルからは23年通年で5万5570人だった。22年（9436人）に比べて大幅に増え、新型コロナ禍前の19年（4万7575人）を超えた。

底流としては、生活に余裕のできてきた中間層の間での日本への関心の高まりがある。サンパウロのパウリスタ大通りにある日本の対外文化発信拠点である「ジャパン・ハウスサンパウロ」には週末には入場のために長い列ができることもある。まだまだ訪日需要を喚起する余地は大きい。

## アキバから海を越える「アニソンダンス」

文化面ではポップカルチャーを通じて、日本や日本語への関心が高まる傾向があるのは世界の他の国と同じだ。ブラジルでは、日本の政府機関が協力して、アニメの主題歌にあわせて踊る技術を競う「アニソンダンス」の普及に力を入れ始めている。

東洋人街リベルダージにある「サンパウロ文化センター」で初めてのコンテストが開かれたのは2023年7月だった。『NARUTO（ナルト）』『聖闘士星矢』『ドラゴンボール』『幽☆遊☆白書』などにまつわるおなじみの曲が大音量で流れると、ブラジル人のダンサーがアクロバティックな技を次々繰り出した。

リズミカルに足踏みするだけでなく、床につけた頭を軸にクルクル回ったり、空中で静止姿勢をとったりするなど「ブレイクダンス」の様々な華麗な技が参加者によって披露された。2人組の男性部門には26組、女性部門には9人が参加して、トーナメント方式で熱戦が繰り広げられた。男性はルラ（31）とベイビー（26）、女性はケカ（23）が優勝した。いずれもダンス講師を務めている。ルラは「今回のためにアニメの音楽を聴いて練習を積んできた。今後は自分の教室でもアニメの音楽をダンスに使ってみたい」と喜んでいた。

国際交流基金は「アニメや漫画、ダンスをきっかけにして日本や日本語学習により関心を持ってほしい」（サンパウロ日本文化センターの笹尾岳）と考えて、今回のコンテストを企画した。その後もコンテストの優勝者のブラジル各地での日本祭りへの参加を後押ししたり、オンラインでの動画コンテストを開いたりしている。国際協力機構（JICA）で

REAL AKIBA BOYSは「踊れるオタク集団」がコンセプト（2023年7月、サンパウロ）

はアニソンダンス、漫画、コスプレ衣装の制作を指導するためにブラジルで活動する人材を募集している。ポップカルチャーの普及を通じて、ブラジルで日本を売り出していく。

この日のコンテストには、踊れるオタク集団がコンセプトの「REAL AKIBA BOYS（RAB、リアルアキバボーイズ）」も日本から参加してダンスを披露したほか、優勝者と一緒に踊って大会を盛り上げた。コンテストの審査員を務めたDRAGONは「ブラジルのブレイクダンスで世界的に有名な人も参加しており、非常にレベルが高かった」と驚いていた。

RABのメンバーはブレイクダンサーの実力派がそろうが、いずれもアニメやゲーム、声優といった秋葉原の文化が大好きというのが共通点だ。コミカルなポーズとダンスの大技を組み合わせた演技で、アニソンダンスの第一人者のグループとして知られる。この時の訪問では、ブラジルのポップカルチャーの祭典である「アニメフレンズ」にも参加して大歓声を浴びていた。RABのけいたんは「アニソンダンスの普及に多くの可能性を感じた。今後も定期的にブラジルを訪問したい」と話していた。この言葉通り、24年7月にもブラジルを再訪して、アニソンダンスのコンテストやアニメフレンズにも出演した。スケジュール調整が難しいこうしたアーティストによる繰り返しの訪問は大きな意味がある。

RABは日本語が中心のアニソンを、日本語を使わないダンスという世界共通のパフォーマンスを通じて外国人に届けている。サンパウロの文化発信地として知られ、様々な壁画が楽しめる「バットマン路地」で動画を撮影していた際には、周囲にいた子供や露天商が一緒に踊り出していた。

RABはいま日本での人気が急速に高まっている。23年は大みそかの紅白歌合戦にバックダンサーとして参加し、アニメ『推しの子』の主題歌としてヒットした「アイドル」を歌った男女2人組の音楽ユニットYOASOBI（ヨアソビ）の舞台を盛り上げた。24年5月の東京ドームシティホールの公演はチケットが完売。同年10月には日本武道館での公演が控えている。

ちなみに、YOASOBIは24年4月に岸田首相が訪米した際には、ホワイトハウスでの晩さん会に招待された。「アイドル」は米ビルボードの米国を除くチャートで日本語で歌唱された楽曲として初めて首位となり、23年度の日本音楽著作権協会（ＪＡＳＲＡＣ）の著作物使用料の分配額でも１位だった。ＲＡＢにもＹＯＡＳＯＢＩに続くような国際的な活躍を期待したい。

キーパーソン

## キム・カタギリ Kim Kataguiri

下院議員
1996年1月28日生まれ

# 日系3世、アニメ好きの新世代活動家

2023年8月、サンパウロ

汚職反対の学生運動で名をはせて、23歳だった2019年からサンパウロ州選出の連邦下院議員を務めている。政治家として将来を嘱望されている日系3世だ。州内で有数の人気を支えるのはネット動画の視聴者や若年層。日系社会を後ろ盾として当選してきた従来の日系の政治家とは異なるのが特徴だ。

カタギリが知名度をあげたきっかけは14年に遡る。当時は現在と同じ左派の労働者党（PT）政権で、女性のジルマ・ルセフが大統領だった。専門学校生だったカタギリは、左派政権の貧困世帯向けの補助金「ボルサファミリア」は「必要なプログラムではあるが、

（過剰な額で）自立を妨げている」と考えていた。

ルセフ政権の問題点を訴える動画を次々とネットにあげるうちに活動が盛り上がり、政権打倒を求める抗議活動につながっていく。ルセフ大統領は16年に不正会計疑惑で弾劾されるが、その一因になったのはカタギリが率いるグループによる政権打倒運動だった。15年にはサンパウロから首都ブラジリアまで33日間徒歩でデモ行進をした。18年に22歳で下院議員に当選。46万票超の得票数はサンパウロ州選出70人のうち4番目に多く、22年の選挙でも8番目の得票数で再選を果たした。

動画やSNSを効果的に用いた選挙戦を得意としている。汚職反対を旗印にしていることから、公用車や警備員の配備といった議員の特権は使っていないというクリーンさを売りにしている。

ブラジルでは歴代の日系人政治家は日系社会を地盤として当選することが多かった。それだけにサンパウロ州では日系政治家の立候補が乱立し、お互いの票を食い合って落選するケースも目立った。カタギリが現地の日系社会との関係を深め始めたのは当選後で、日本を初めて訪問したのも19年だった。その意味では新たな日系政治家といえる。とはいえ、日本文化への関心は極めて高い。サンパウロ市のオフィスには、人気アニメ『ドラゴンボール』や『ＯＮＥ　ＰＩＥＣＥ（ワンピース）』のフィギュア、『ＢＬＥＡＣＨ』の単行本が並んでいた。23年、24年とサンパウロで開かれた「日本祭り」に参加しており、過去には奈良県人会の食品ブースを手伝ったことがあるという。

24年11月のサンパウロ市長選に向けては挑戦を模索した。23年8月の私のインタビューでは、市長選で治安の改善と公衆衛生環境の向上を訴える計画を示し、「携帯電話や自動車の窃盗が増えているのに、治安局の予算は全体の2%以下にとどまっている。パトロールを増やす必要がある」と主張していた。すでに導入されている日本の交番システムを一段と広げていくことにも関心を寄せていた。事前の世論調査からは厳しい結果が予測されていたことや、所属政党ウニオンブラジル内での調整の不調で、24年8月に出馬断念を表明したが、20代で最大都市の市長選に挑戦できる位置にいることが重要といえる。日本との関係のキーパーソンになるだけでなく、ブラジルの将来を担う可能性さえ秘めている政治家だ。

扇子でブラジル国旗を表現する様子（2022年、サンパウロ）

# 終章
# 未来の大国

## 「世界で最も平和な地域」

ブラジルは「未来の大国」と表現される。国土の広さ、人口の多さ、農産物や天然資源を豊富に抱えていることがその根拠だ。仮に世界に国際貿易がなくなったとしても、経済を自国で回すことができる強さがある。ブラジル企画省傘下の応用経済研究所（IPEA）による2021年発表の人口予測によると、人口のピークは50年（2億3290万人）にやってくる。米金融大手ゴールドマン・サックスが22年12月に公表した国内総生産（GDP）の予測では、国別の順位では50年、75年ともに8位に位置づけられている。75年時点ではドイツ、英国、日本、フランスという現在の主要7カ国（G7）メンバー国の経済規模を上回る。

地政学的な安定性ではブラジルには強みがある。隣国との国境紛争を抱えておらず、テロも想定しにくいという意味だ。外務省で中南米局長やブラジル大使を歴任した山田彰は「今日、世界で最も平和な地域は中南米である」と話す。ロシアによるウクライナ侵略が続き、中東ではイスラエルがパレスチナ自治区ガザに攻撃を加えており、北朝鮮による弾道ミサイルの発射が止まらない状況下では、その言葉はより重みを増す。

ある旧ソ連圏の国に出張して、日本企業の駐在員とホテルで食事をしていた際、「あそこの隣にいる人は政府関係者です。私が誰と会っているかを見張っています」と小声でささやかれたことがある。中南米域内でも政府関係者が、日本企業の駐在員や外交官の動きを調べていたり、盗聴していたりするケースがあると聞く。ブラジルの場合は「ブラジルコスト」に象徴されるようにビジネスを立ち上げて、軌道に乗せるのは容易ではない。それでも駐在中に息苦しい生活を迫られることはない。ビジネスを考える上で重要な判断材料だろう。

もちろん、日々の生活では治安での心配は大きい。私自身が被害に遭いそうになった経験は第5章に記した。17年1月には日本の切削工具メーカーの駐在員がサンパウロ市内で車に乗っていたところ、強盗目的の犯人に拳銃で撃たれて殺害される痛ましい事件が起きた。執筆した記事の中で最も悲しかった出来事のひとつだ。サンパウロにある日本の総領事館からの邦人被害を知らせるメールは毎週のように届き、暗澹《あんたん》たる気持ちになる。ブラジル政府が取り組むべき大きな課題のひとつが治安なのは間違いない。

## 左右分断

国内の政治情勢で最も心配なのが左派と右派の対立の激化だ。2022年の大統領選挙で、ルラとボルソナロという21世紀前半を代表する政治家の直接対決は、僅差でルラが勝利した。その後も分断が解消されるような気配はいまのところない。

サンパウロ市内のある高級すし屋の経営者は、家族で来店していた親子が政治の話をしているうちに口論が激しくなり、ビール瓶の投げ合いに発展する事態にあぜんとしたという。家庭内で大統領選の投票先が異なりそうなので、政治の話を一切しないようにしているという友人の話も複数聞いた。ブラジルでは日本よりも家族の絆が強いが、政治を背景にその関係にひびが入っている。

分断の象徴的な出来事は23年1月8日、ボルソナロ前大統領支持者による首都ブラジリアでの議会、大統領府、最高裁判所の三権の襲撃事件だろう。第1章で取り上げている。ボルソナロは選挙で敗北したが、結果判明後も受け入れる姿勢を明確には示さなかった。選挙前には投票の公正さに疑問を投げかけており、支持者の間に疑念や不満が広がったのは自然なことだった。ルラは過去に贈収賄で有罪判決を受けており、汚職政治の復権に批判の声は強かった。

ルラの支持者からみると、状況は正反対となる。国営企業の民営化や市場経済を重視してきたボルソナロ政権は低所得者層への配慮に欠けていると映り、軍人や元軍人を政権に多く起用したため、軍政復活につながることを心配していた。女性や同性愛者への暴言、新型コロナウイルスを「ただの風邪」と呼んで、感染対策に消極的だったことを批判する国民も多かった。

22年の大統領選挙では両候補がお互いに中傷合戦を繰り広げて、国民の間の溝を深くした。ボルソナロはルラについて「泥棒」と頻繁に呼んだ。ルラも「うそつき」「ひきょう者」と呼び、テレビの討論番組ではボルソナロに対して「近くにいたくない」とまで話したこともある。選挙戦での両候補者の振る舞いは、支持者間の分断をあおった。共にすねに傷をもつ候補者同士の戦いは、最終的にはどちらがより嫌われていないかが重要な要素になったと感じる。

選挙後にあった22年ワールドカップ（W杯）カタール大会で、ネイマールが初戦のセルビア戦で負傷した。代表エースは「競技人生で最も困難な瞬間のひとつになった」とインスタグラムに記したが、寄せられたのは好意的なコメントばかりではなかった。背景にはネイマールがボルソナロを選挙戦で支持していたことがある。キャンペーンソングに合わせて踊る様子を動画共有アプリ「TikTok（ティックトック）」に投稿したほか、ボルソナロの動画イベントに出演して、W杯でゴールを決めた際にはボルソナロを支持するポーズをとるとも受け止めることができるしぐさを見せた。ネイマールは9月末、「異なる意見を持つと民主主義を語る人間から攻撃される。勘弁してほしい」と述べていた。国民が最もまとまるW杯の局面でさえ、人々は異なる意見を受け止める寛容さを失っていた。

## ルラに立ちはだかった判事

この左右分断は司法を巻き込んでいるだけにやっかいだ。「強すぎる司法」が国内の分断をより深くしているように感じる。

2016〜17年ころ、ブラジルの新たなヒーローは南部パラナ州の連邦地裁に所属するセルジオ・モロ判事だった。国営石油会社ペトロブラスを舞台とした政治家への不正献金疑惑の裁判を担当しており、裏取引に携わった政財界の有力者に対して厳しい姿勢でのぞんでいるのが人気の背景だった。

「モロが休みに入る」。有力紙エスタド・ジ・サンパウロは16年12月20日の電子版にこんな記事を掲載した。17年1月20日までが休暇期間となり、判事のガブリエラ・アルジチが職務を代行する。有力誌の『エポカ』や『ベジャ』なども同様のニュースを伝えた。地裁判事の休暇が伝えられるのはもちろん異例だ。

モロが担当した「ラバジャト（洗車）作戦」と呼ばれる汚職事件の捜査は14年3月に始まった。ペトロブラスと取引先が契約額を不当につり上げ、その上乗せ分が政治家に裏金として渡った疑惑だ。事件発覚のきっかけとなった両替商の所在地がモロが勤めていたパラナ州だった。ルラや建設大手オデブレヒトのマルセロ・オデブレヒト元最高経営責任者

（ＣＥＯ）ら政財界の有力者３００人以上を巻き込んだ事件は、ブラジル史上最大の汚職疑惑とされる。１２０件以上の有罪判決が出ており、検察側が求めていた罰金を含めた補償額は３８１億レアルに上った。資源安による景気後退が長引く中で、生活が苦しい国民は汚職文化の根絶を期待しており、モロの一挙手一投足に耳目が集まっていたわけだ。

**容赦ない検察捜査を承認**

ブラジルでは事件の裁判を担当する判事が大きな影響力を持っている。検察が求める議員や閣僚への取り調べの是非を判断し、陪審制ではないため判決も下す。この捜査はモロが大きな責任を担っていた。オデブレヒト元ＣＥＯには禁錮19年4カ月、ジルセウ元官房長官には禁錮20年10カ月の有罪判決が下った。

ブラジルには「最後はピザになって終わる」という決まり文句がある。いろいろと議論しても、結局はうやむやになって何も変わらないことを意味する。特に、政治家や富裕層に対しては司法の処罰が行き届かないことに対して使われる。国民の間にはこれまで、権力者への疑惑が浮上しても「最終的には不処罰になって当たり前」との空気があった。モロがこうした風潮に切り込んだ。疑惑の対象には15年に下野した労働者党所属の有力政治家だけでなく、テメル大統領ら現在の与党有力者も含まれていたことにも、国民は期待し

抗議デモに現れたルラやルセフを囚人に見立てたバルーン（サンパウロ）

ていた。

2015年から16年にかけてたびたび起きた反政府抗議デモでは、ルセフやルラの批判と同時に、モロを後押しする横断幕が目立った。モロがスーパーマンの格好をしたイラストが描かれた風船も売られ、「スーパーモロ」という愛称もできた。カーニバル（謝肉祭）でも人気のお面のひとつはモロだ。調査会社IPSOSが16年11月に実施した世論調査では、回答者の96％が汚職の完全な解明を求めていた。

モロは1972年8月に南部パラナ州マリンガで生まれた。日系人の多い土地として知られ、モロは私の取材に「多くの日系人の友人がいる。商業や文化で日本との関係を深めていきたい」と語った。

両親は共に教師の家庭で、兄が1人いる。95年に地元マリンガにある州立大学法学部を卒業し、96年に24歳で連邦判事となった。米ハーバード大や米国務省で資金洗浄（マネーロンダリング）について研究し、2003年には300億ドル規模の不正送金があったバネスタド事件の捜査にも携わって頭角を現した。ワインと葉巻をたしなむのが趣味で、性格は控えめで寡黙という。地元メディアでは「非常に勤勉」「出張するたびに大量の本を購入してくる」といった友人の評判が伝えられている。

モロは16年7月の米国での講演で「ペトロブラスとの契約での賄賂の支払いは例外ではなく、むしろルールになっていた」と指摘した。「汚職は全世界に存在する。それでも組織的な汚職は一般的ではない。官と民の慣行を堕落させる」と述べ、汚職の解明に意欲を示した。

モロはこの時の捜査で、イタリアの汚職撲滅作戦「マン・リンパ」を参考にしていたとされる。イタリアで1992年に始まった作戦では、6059人が捜査対象となり、2993人が逮捕された。捜査対象のうち438人は国会議員で、複数の政党消滅にもつながった。当時は、指揮官のひとりだったミラノ検察庁のゲラルド・コロンボ検事が大いに注目された。

米ブルームバーグは2016年9月、世界で影響力のある人物の10位にモロを選んだ。

米『タイム』誌も同年4月に影響力のある世界の100人の1人に選んでおり「ブラジルの汚職文化を変える可能性がある」と指摘した。各国首脳や国際機関のトップらの名前が並ぶなかでは異例の扱いだった。

ルラは汚職事件の裁判の二審で18年1月に禁錮12年1カ月の有罪判決を受け、18年4月にパラナ州のクリチバ連邦警察で収監された。この結果、同年10月の大統領選挙にルラは出馬できなかった。この選挙で当選したのがボルソナロだった。ボルソナロは19年1月に発足した政権の法務・公安相に一連の裁判で存在感を示したモロを起用した。ボルソナロは反PT（労働者党）、反汚職のシンボルとなっていたモロを政権内に取り込んで、基盤固めを狙ったのだ。

## 司法が方向転換、ルラ釈放

司法界では異なった動きが出ていた。「反汚職」で国民的なヒーローとなっていたモロに対する反発だ。最高裁内部では、モロが力を持ちすぎたことへの反感から「左派やルラを擁護する姿勢が強まった」（有力法学者）という。2021年4月、最高裁全体審理で、収賄やマネーロンダリング（資金洗浄）などで有罪判決を受けたルラについて、過去の司法手続きを無効とする判断が下ったのだ。南部クリチバの連邦地裁が、事件を分析する法律上の権限がなかったとみなし、無罪となったわけではないが、この判断によってルラは22年の大統領選への出馬が可能になった。

モロの捜査にはもともと、既に捕まった政治家や企業家による報奨付供述（司法取引）に依存しすぎているという批判はあった。16年3月には、ルラとルセフの電話での話し合いを捜査当局が盗聴して、その内容を公表したことでも反発が出ていた。

司法界では「反ルラ」から「反ボルソナロ」への姿勢が強まっていくことになる。22年10月の大統領選挙での動きが分かりやすい。主役は最高裁判所の判事で、選挙管理委員会に相当する高等選挙裁判所（TSE）の長官だったアレシャンドレ・モラエスだ。

モラエスは最高裁判事として19年3月にフェイクニュース担当となって以来、ボルソナロやその周辺、情報発信力のあるインフルエンサーらの言動に厳しい姿勢を示してきた。スキンヘッドでこわもての表情も相まって、その発言は連日のように新聞の1面を飾っていた。「大きいアレシャンドレ」を意味する愛称「シャンドン」で知られる。

大統領選の期間中もその姿勢は同様だった。例えばモラエスは22年8月下旬、ボルソナロを支持する企業家8人に対して連邦警察による捜査を許可した。スーパーマーケットチェーンの「アバン」を経営するルシアノ・ハンらが対話アプリ「ワッツアップ」で「（ルラの）PT（労働者党）が勝利したら、クーデターを擁護する」などと私的な会話を交わしていたことが明らかになったからだ。民間人である8人は自宅などの捜査を受けて、銀行口座やSNSアカウントを凍結され、携帯電話も押収された。

選挙キャンペーンを巡っては、モラエスは虚報が目立つとして多くの削除命令を出した。両陣営とも指摘を受けたが、ボルソナロの陣営による違反の方が圧倒的に多かった。その結果、期間中（10月20〜28日）にもともとは等しく割り当てられていた公式の選挙放送の合計時間はルラが7倍以上と、圧倒的にルラ優位となった。

ボルソナロが10月17日、選挙戦のさなかに地元ラジオの取材に対してモラエスに不満の矛先を向けていた。「（ルラの所属する）PTの訴えはほとんどが受理される。私の主張は受け入れられることがない」と述べた。

ボルソナロはモラエスのことを頻繁に「ならず者」と呼んで批判してきた。21年8月には最高裁判事職の罷免請求を上院に提出したこともある。両氏は国民があぜんとするほど鋭く対立してきた。

## 米NYタイムズも疑問視した最高裁判断

選挙期間中のモラエスらの判断については、疑問の声が多く出ている。元最高裁判事のマルコアウレリオ・メロは「民主主義の趣旨とは合致しない異例の判断が目立った」と指

摘した。ルラに甘く、ボルソナロに厳しい姿勢だったとの見方だ。連邦警察の退職幹部1
31人は、8人の企業家に対する捜査について、モラエスによる「権力の乱用ではない
か」との声明を連邦検察庁に対して提出した。

米紙ニューヨーク・タイムズは9月末、「最高裁は行きすぎではないか？」という見出
しの記事を掲載して、ブラジル司法の動きに疑問を呈した。モラエスは選挙後の22年11月
14日、訪問先の米ニューヨークでセミナーに参加した際、会場の外に集結したボルソナロ
の支持者から「選挙は盗まれた」などと罵声を浴びる場面があった。

22年10月の選挙は長期的な視点でみれば、「司法による他の権力（政治）への過度の介
入」（ブラジル・マッケンジー大学のイベス・ガンドラ名誉教授）という統治機構の課題を残
したという声が聞こえてくる。

## 2026年はボルソナロが出馬不可能か

ボルソナロは2023年6月、高等選挙裁判所（TSE）によって、権力乱用の罪で、
被選挙権を8年間停止するとの判断を出された。裁判は現在も続いているが、判決が確定
すれば、26年の次回大統領選には立候補できなくなる。ルラが18年の出馬を認められなか
った構図と似通う。

**ブラジルで増加する福音派**

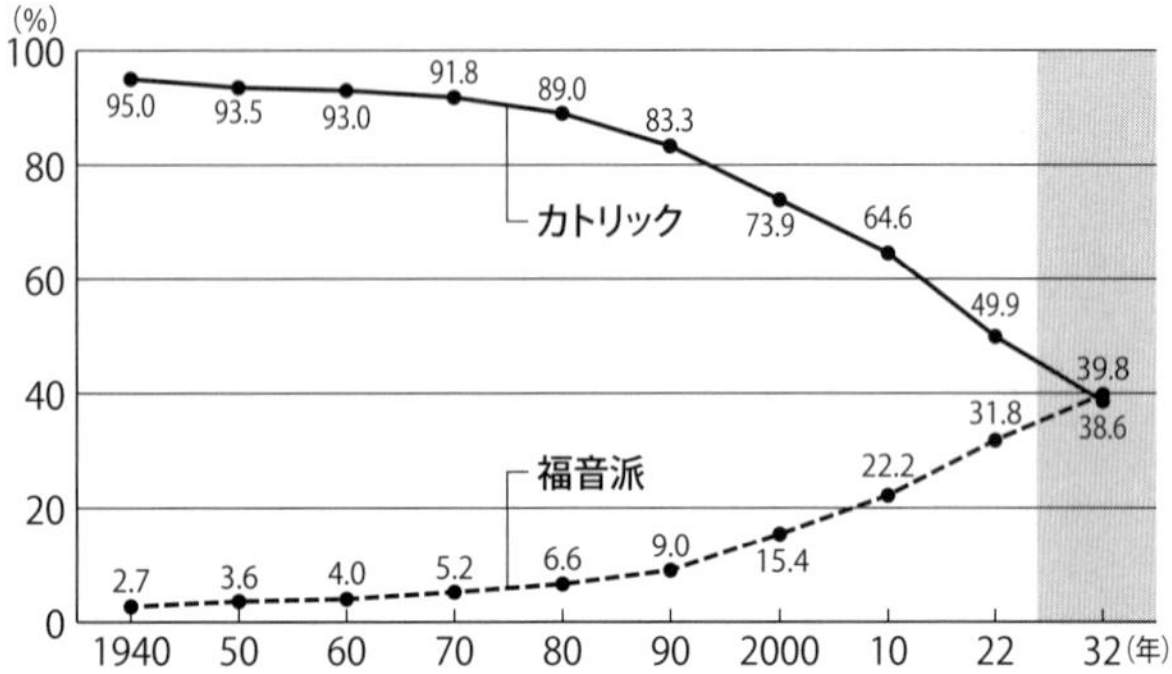


出所：ブラジル地理統計院（IBGE）

ボルソナロの支持者は「ＢＢＢ」と称される。ポルトガル語で聖書（Biblia, キリスト教福音派）、銃弾（Bala, 軍関係者）、牛（Boi, 農業事業者）を意味する。経済的に恵まれていないわけではなく、ルラら左派陣営の汚職疑惑に強い不満を抱えた人々だ。

ボルソナロは在任中、保守層に響く政策を相次いで打ち出した。元軍人の同氏は治安対策の名目で銃保有の規制を緩和した。銃犯罪の増加を懸念する声もあったが、農村部などで自衛を強化したい保守層は評価した。ルラとの大統領選を「善と悪の戦いだ」と表現していたように、味方と敵で分ける二元論を駆使した政治手法が熱狂的な支持者を生み出した。奔放で分かりやすい言動も人気を集めた。

ブラジル地理統計院（ＩＢＧＥ）の統計に基づ

くと、1940年時点では国民の95％はカトリック信者だった。それが2000年には73・9％、22年には49・9％と過半をきった。逆に増えているのが福音派だ。1940年には2・7％にすぎなかったが、2000年に15・4％、22年に31・8％となった。32年にはカトリックが38・6％、福音派は39・8％と逆転すると予想される。カトリック信者ではルラへの支持が優勢な一方で、福音派の多くはボロソナロの支持者だ。人口動態からは右派が優位で、左派は厳しい傾向が想定される。国民、政治、司法の様々な側面で進んできた左右の分断をどう解消していくかはブラジルの長期的な課題となるだろう。

## 非核化地域の中南米

中南米地域には「トラテロルコ条約」（ラテンアメリカ及びカリブ核兵器禁止条約）という国際合意がある。中南米の33カ国が核エネルギーの平和利用の権利を認める一方、核兵器の実験、使用、製造、配備などを全面的に禁止している重要な取り決めだ。中南米地域の非核化を宣言している。2014年に安倍晋三首相がブラジルを訪問した際にサンパウロで行った演説で「非核化地域をつくる条約として世界初の例」として取り上げている。1962年のキューバ危機が契機となり、67年2月に調印した。条約名は、メキシコ外務省が当時面していた首都メキシコシティの広場の名前に由来する。68年4月に発効した。

リクペロはブラジル有数の知識人として知られる（2022年、サンパウロ）

当初ブラジルはこの条約に加わっていなかった。64年から85年に軍政が敷かれており、この間には秘密裏の核開発に取り組んでいたのではないかとの見方もある。隣国アルゼンチンも軍政が断続的に続いており、民政移管は83年だった。域内の大国であるこの2国の間にはお互いに不信感もあったが、両国で民政移管が進んだ後に交渉も進み、94年に同時に条約を批准した。条約のきっかけになった国ともいえるキューバは２００２年10月に批准して、中南米の全ての国が締約国となった。

## 150年戦争がない国

ルーベンス・リクペロ元財務相はトラテロルコ条約を評価するひとりだ。「ブラジルは10の隣国と地政学的に深刻な対立はなく、いずれの国も巨大な軍備や核兵器を持たない。国連憲章に基づいた原理を訴えられることが我々の強みだ」と話す。

リクペロは職業外交官出身で、駐米大使の後、１９９３〜94年に環境相、94年に財務相を務めた。95〜2004年には国連貿易開発会議（UNCTAD）事務局長を経験しており、国際的にも有数の知識人として知られている。いまも大学の教壇に立ちながら、サンパウロにある日本の情報発信拠点「ジャパン・ハウス　サンパウロ」の名誉館長を務めている。22年9月、ブラジルがポルトガルからの独立200年を迎えた際、歴史的な位置づけについて話を聞くため、サンパウロ市内にある自宅を訪ねた。

――独立200年を歴史の中でどのように位置づけていますか。

「ブラジルがポルトガルから独立を宣言した1822年に人口は460万人だった。このうち先住民とアフリカ系がそれぞれ100万人いた。いまは2億1500万人まで増えた。1970年代までは高い成長率を誇ったが、80年代以降に『中所得国のわな』にはまってしまった。今後は人口の増加が鈍る中で、経済格差をどのように解消していくかが大きな課題だ」

「課題を解決するためには、税制改革と社会包摂を進める必要がある。間接税への依存度を下げて、高所得者への課税率を引き上げる改革が必要だ。相続税の大幅な引き上げも必要だろう。課税強化によって得た原資を教育と医療へのアクセスの改善に投資しなくてはならないと考える」

——様々な国からの移民が成長の一翼を担いました。

「欧州からは手に職を持った移民が多かった。私の祖父は1895年、25歳の時にイタリアから移り住んだタイル職人だった。日本からの移民は農業の発展に大きな貢献を果たした。今後も移民を迎え入れるには経済成長が必要になる。いまもアフリカやハイチ、ベネズエラからの移民が来ているが、雇用がなければ受け入れるのは難しいだろう。強い経済が必要だ」

——ブラジルとアジアとの関係をどのように見ていますか。

「2022年1〜7月のブラジルの輸出先を地域別でみると、アジア向けが半分弱を占めている。中国が3割弱を占めてもちろん重要ではあるが、それだけではない。日本、韓国、シンガポール、インド、マレーシアと重要な国は多い。縫製業が活発なバングラデシュ向けには綿を多く輸出している。すでに強力に結びついているが、今後は輸出先の地域として一段と存在感を増していくだろう」

——国際社会の中でブラジルが果たすべき役割とは何でしょうか。

「ブラジルは1870年3月に終わったパラグアイとの戦争以来、戦火を交えていない。いまは10の隣国と地政学的に深刻な対立を抱えていないのが強みで、世界に平和を訴えることができる」

「ロシアによるウクライナ侵略で世界は変わってしまった。日米欧と中国・ロシアが対立するのは望ましい姿ではない。ブラジルはどちらの側にも立たず、世界が平和を維持できるように貢献すべきだ。アジアとの貿易の重要度が増す中で、東アジアでの地政学的な緊張の高まりはブラジルにとって利益にならない」

**――国内の政治状況をどのように見ていますか。**

「1964年の軍事政権誕生前の時期以来、最も政治的な対立が先鋭化している。ブラジルの民主主義は進化を遂げてきたが、依然として発展途上といえる」

ディーゼルで駆動する潜水艦は既に動いている（2023年８月、リオデジャネイロ州の海軍基地）

## 大統領が繰り返し訪れた海軍基地

非核化地域として安定する中南米の今を紹介した上で、ブラジルの深謀とも考えられる進行中の計画に触れたい。舞台はリオデジャネイロ市の中心部から西に車で約90分、イタグアイ市にある海軍の基地だ。ルラが２０２３年１月の就任から1年ちょっとの間に2回訪れた場所でもある。総面積は75万平方メートルと、東京ドーム16個分の広さ。

この場所で原子力潜水艦の建造が計画されている（2023年8月、リオデジャネイロ州の海軍基地）

ブラジルの国家安全保障にとって極めて重要な場所といえる。ここではディーゼルで動く潜水艦を建造しており、将来的には原子力を動力とした潜水艦の建造も計画している。

ルラは23年3月、この基地内で潜水艦の上に立っていた。「ブラジルの国防産業の発展が必要だ。世界中の国で国防産業は経済に貢献している」と述べた。就任からわずか3カ月のタイミングで、自国で潜水艦の製造を手がける意義を強調した。

次の訪問は24年3月だった。横にいたのはフランスのマクロン大統領で、両国の合意に基づく協力で建造された3隻目の潜水艦「トネレロ」の完成を祝った。ルラは「今日、ブラジルは潜水艦を建造できる数少ない国のひとつとなった。潜水艦開発計画（PROSUB）はブラジルにとって最も重要な防衛協力プロジェクトだ」と述べた。マクロンは「フランスは常に横にいる。ブラジルとノウハウを共有できたことを誇りに思う」と話した。

ブラジルとフランスは08年12月、防衛協力で合意して「PROSUB」をつくった。ディーゼルで駆動する通常型の潜水艦4隻（スコルペヌ型）、原子力で動く1隻を建設する計画を立てている。１００億ドル超を投じる。

## 南半球初の原子力潜水艦へ

ブラジル海軍は２０３３年に原子力潜水艦（原潜）の運用を始める計画を立てている。順調に進めば、南半球の国で初めてとなる見通しだ。27年以降に動力源の原子炉を独自開発し、自国で産出・生産する低濃縮ウランを燃料に使う。本体建造に必要な部品の調達ではフランスの協力を仰ぐ。33年をメドに1番艦を海軍に納入した後、原潜部隊を順次編制していく。

23年8月、サンパウロ大学のキャンパスの一角にある海軍施設を訪れた。ＰＲＯＳＵＢの責任者であるペトロニオ・アギアル海軍提督にインタビューして、潜水艦計画の現状や将来について尋ねた。

――ブラジルに潜水艦が必要なのはなぜですか。

「ブラジルには約８５００キロメートルの海岸線がある。海岸線には17州、16の州都、約40の公立港湾、約１００の民間ターミナルがある。海岸から２００キロメートル以内の沿岸部には人口の8割、国内総生産（ＧＤＰ）の9割が集中している。貿易の95

%は港湾経由で行われている。海域を守るのは海軍の役割だ。潜水艦を活用して隣国が近づこうと考えないように力を見せたい」

――外国からの脅威はあるのでしょうか。

「他国がどのようなことを企てるかは予測できない。どこから攻撃されるかはともかく、国民と海域を守る。大西洋では日常的に薬物や兵器の密輸、水産物の乱獲がある。戦争する気はないが、安全を保たないといけない」

――原潜を保有することで、逆に国際社会がブラジルに対して脅威を感じませんか。

「核兵器は保有しない。定期的に国際原子力機関（IAEA）から監査を受けている。将来の原潜も核兵器を積むのではなく、通常兵器を積む。ブラジルには核兵器開発の意向はない」

――33年に原潜を就航させた後の計画はどうなっていますか。

「まだ考えていない。『アマゾニアアズル（青いアマゾン）』の防衛は1隻の原潜では不可能だ。現時点では、たくさん必要になるとしかいえない」

ブラジルは1988年に制定した憲法で、核兵器の製造を禁止（21条23項）している。ルラも2023年5月、広島でのG7首脳会議（サミット）に参加した際、「核兵器があれば、常に使われる可能性がある。ブラジルは150年以上、隣国と平和を築いている。中南米は核兵器のない地域だ。大西洋を挟んでアフリカの国との間は平和で、核兵器がない地域をつくりあげているのを誇りに思う」と述べている。

ただ、ブラジル国内には米国に対する反発があるのも事実だ。ブラジルは米国向けにウランを輸出してきた過去がある。にもかかわらず、「米国はブラジルに対して核技術の供与を十分にしてこなかった」（原子力政策に詳しいゴイアス連邦大学のカルロ・パチ教授）。米国は足元で豪州、英国との安保枠組み「AUKUS（オーカス）」に沿って、30年代から豪州へ原潜を供給する計画がある。核兵器への転用が容易な高濃縮ウラン（HEU）を用いるタイプだ。ブラジルは原潜に低濃縮ウラン（LEU）を用いる計画で、豪州とは異なる。パチ教授は「米国の二重基準にブラジルの権力層は不満がある」との見方を示す。

ブラジルでは原子力発電所が稼働している。原子炉は1号機、2号機が動いており、3号機の建設も行われている。将来的に、原子力潜水艦を保有することになったとしても、核武装には直結するわけではない。平和利用が前提であったとしても、燃料の濃縮や再処理技術は潜在的に軍事転用も可能にはなる。

ルラの顧問を務めるセルソ・アモリンは外相だった時、2008年1月発行の雑誌『経済界』の取材に応じて「わが国が核を持つということは絶対にありません。非核という意

アギアルの部屋にはアルベルトの肖像画が掲げられている（2023年8月、サンパウロ）

味では日本と同じです。さらにブラジルは『核の傘』の下にいないという良い立場にありますから、この問題についてはラジカルに発信していくつもりです」と話している。

いまと同じルラ政権だった03年には、当時のアマラル科学技術相が「原子爆弾の製造能力を放棄すべきではない」と発言して物議を醸したことがある。ルラ政権下のブラジルに勤務したことがある日本の外務省元高官は「過去のルラ政権には核兵器の開発に関心を寄せていた幹部もいた」と証言する。

ブラジルの原子力政策を振り返ると外せない人物がいる。1940〜50年代に核開発で中心的な役割を果たした科学者で、海軍に所属していたアルバロ・アルベルトだ。世界各国の原子力分野の科学者との交流も深かった。リオデジャネイロ州アングラドスレイスにある原子力発電所、33年に就航予定の原潜の名前はともに「アルバロ・アルベルト」と名づけられており、「原子力の父」と称される。現在、原子力潜水艦計画の責任者を務めるアギアル海軍提督は「尊敬している」と話していた。アルベルトの肖像画は執務机の後ろに掲げられ、アギアル提督の仕事ぶりを常に見守っている。

## 日本の首相訪問は10年に1度

岸田文雄首相は2024年5月、ブラジルを訪問してルラ大統領との首脳会談を行った。日本の首相によるブラジルへの2国間訪問は14年の安倍晋三以来で、10年ぶりだった。首相訪問の間隔は、今回が特別に長いわけではない。安倍の前は04年の小泉純一郎で、その前は1996年の橋本龍太郎に遡る。これまでもおおよそ10年に1度のペースなのだ。

同盟国の米国、アジアがどうしても優先され、長期政権でないとなかなか中南米との往復の日程を確保できない。今回も当初は24年1月の訪問を目指して調整していたが、自民党各派閥の政治資金問題を受けて、党内調整を優先していったんはキャンセルされていた。ブラジルが24年の20カ国・地域（G20）の議長国でなかったら、実現したかどうかは分からない。

日本の首相のブラジル訪問はエピソードに事欠かない。小泉は移動のヘリコプターを緊急着陸させ、グァタパラ移住地の日系人と予定外に交流した。演説の途中では涙した。安倍はサンパウロでの歓迎会に参加した1000人以上の聴衆全員と1時間以上をかけて記念撮影した。対中南米政策の演説では、ポルトガル語で「ジュントス（一緒に）」を交流の理念とする考えを表明した。発展を共に（progredir juntos）、主導力を共に（liderar juntos)、啓発を共に（inspirar juntos）は中南米外交のキーワードとなった。

安倍はこの演説で「外相はもちろん財務相や経済産業相など入れ代わり立ち代わり、中南米の国々に顔を出せるようにします」と述べていたが、残念ながらそのようにはならなかった。何しろブラジルは遠い。24年5月の3泊6日の岸田首相の南米歴訪は強行日程だった。産経新聞は「出発から帰国までの126時間のうち約半分の57時間余り（給油含む）を空の移動に費やした」と報じた。まず首都ブラジリアに入って首脳会談を行い、その後はパラグアイの首都アスンシオンに移動して同じ日にペニャ大統領との首脳会談を実施した。最後はサンパウロを訪れて、日系人との交流行事をこなすという変則的な日程だった。

それでも日本の首相がブラジルを訪問する意義は小さくない。首相の訪問に合わせて、2国間の懸案を解決して前に進めようと、両国の外交関係者が動くからだ。民間企業の幹部も日本から首相に同行するため、現地法人はビジネスの種を前進させようと努力している。

## 日本はアジアの窓口に

残念ながらブラジルにとって日本の優先度は下がっている。2023年の貿易相手国でブラジルの輸出先として日本は全体の1・9％（9位）、輸入の相手として2・1％（10位）にとどまるのだ。輸出先でみた場合に、シンガポール（2・2％）を下回っており、東南アジア諸国連合（ASEAN、7・2％）にはかなり差をつけられてしまう。

日本外務省の資料によるとブラジルの輸出先として00年時点では米国向けが22・4％、中国向けが2・6％だったが、22年には米国向けが11・2％、中国が26・8％となった。09年以降は貿易相手の首位は中国だ。

日本とブラジルの経済界は毎年交互にお互いの国で「ブラジル経済合同委員会」を開いている。両国企業がどのように経済協力を拡大できるかを話し合う機会だ。23年7月は経団連とブラジル全国工業連盟（CNI）の関係者がブラジルの南部ベロオリゾンテ（ミナスジェライス州）に集まった。脱炭素や国際的なバリューチェーン（価値の連鎖）などをテーマに討論した。2日間の日程の最後に共同文書をまとめ、両者は、日本と南米南部共同市場（メルコスル）の経済連携協定（EPA）締結に向けて、早期の交渉開始が必要だとの認識で一致し、両国政府に向けて働きかけることを確認した。

最後にはお互いの委員長がスピーチして、写真を撮るのが通例だ。日本からは委員長である安永竜夫（三井物産会長）が登壇したが、ブラジル側は委員長が欠席しただけでなく、代理として出てきたのは同じ会社の部長級だった。何らかの事情があったのだとは思いたいが、日本軽視を見せつけられた思いがした。日本の政府や企業はブラジルの関心をひくために努力が必要な時代になっている。

ブラジルは24年3月、初めてASEANに大使を派遣した。ASEAN域内の所得向上で、ブラジルから食肉や大豆の輸入が急増している。イスラム教国であるインドネシア向けには、イスラム教の戒律に沿う「ハラル認証」に適した食肉処理施設の対応などを進めている。

例えば日本は、ブラジルに対して自らがアジアの窓口を務めるという観点からの関係強化が必要になるのではないか。金融危機で大きな傷を受けなかったことにブラジルが自信を深めていた11年前後、同国がアジア開発銀行（ADB）に域外加盟国として参加しようとしたことがあった。駐日大使らを通じて、日本に支援を求めた。日本はこの時、ブラジルの要請に応えることができなかった。日本は米国と並んでADBの総資本の15・6％を保有している最大の出資国だ。ブラジルを支援することで日本の資本の比率が下がる可能性が頭をよぎったのか、ADBに歴代OBを総裁として送り込んでいる財務省が乗り気でなかった。今後、ASEANの存在感が一段と高まっていけば、日本の存在感はさらに埋没しかねない。

## カンボジアで活躍したブラジル選手

2022年、カンボジアでスターになったブラジル人のサッカー選手がいる。世界遺産アンコールワットの玄関口となるシエムレアプに本拠地をおくアンコールタイガーに所属していたFWイアゴ・ベントだ。ブラジル南部クリチバ（パラナ州）にあるコリチバのユースチームに所属していたが、プロ契約を結ぶことはできずに所属先を失った。途方に暮れていた時に舞い込んだのが、ブラジルから1万7000キロメートル以上離れた、カンボジアのクラブからの誘いだった。

思いもよらなかった遠い異国からの誘いに迷いもあったが「家族の生活を助けるためにプレーする場に戻る」と決断した。21年2月にチームに入団して2シーズンにわたって活躍した。「人生を変える決断をして本当に良かった」と話していた。

アンコールタイガーは実は日本人の加藤明拓がオーナーのサッカークラブで、イアゴを仲介したのはブラジル生まれの日系ブラジル人の松永マルセロ最高経営責任者（CEO）が経営するドリームストックだった。ベントは動画投稿したことがきっかけとなってプロ選手としての活躍の場を自らつかみ取った。これはサッカー選手の移籍のケースだが、様々なビジネスのヒントにもなり得ると考える。日本がブラジルと協同してアジア市場をどう活用していくかを考える時期に来ていると感じる。

キーパーソン

## エンドリッキ Endrick Felipe Moreira De Sousa

サッカー選手
2006年7月21日生まれ

2022年11月、サンパウロ

# スピードと創造性備えた至宝

ブラジルサッカーの未来を担うスター候補だ。17歳118日で代表「セレソン」にデビューした。歴代最年少記録の「王様」ペレ（16歳257日で、1957年7月7日にデビュー）には及ばなかったが、スペイン通信によると歴代4番目の若さでの試合出場となった。「怪物」ロナウド（17歳183日で、94年3月24日にデビュー）の記録を上回った。

2023年11月7日に初招集が発表となり、同16日のワールドカップ（W杯）南米予選の対コロンビア戦が初出場だった。バランキジャでの試合で後半80分、FWラフィーニャとの交代で出場した。この日の出場以降、すでに代表に定着しており、24年3月にはロンドンのウェンブリー競技場で、代表初得点も記録している。

身長は173センチメートルと小柄だが、大柄なDFにもひけを取らない屈強な身体とバランス感覚を持つ。柔らかいボールタッチで相手ディフェンスを翻弄する。弾むようなドリブルと左足からの強烈なシュートが持ち味だ。ゴールを奪うアイデアや技能も豊富で、ロングシュート、ループシュート、バイシクルキックなどクリエイティビティー（創造性）を存分に発揮する。ブラジル人が好む「フッチボル・アルチ（芸術サッカー）」を体現する。

もともとは首都ブラジリアの出身だ。父親が動画サイトにプレーを投稿したことがパルメイラスの関係者の目にとまり、16年にパルメイラスの下部組織に加入した。父親はクラブハウスの清掃員の仕事を得て、一家でサンパウロに移り住んだ。

年代別のチームでは常に主力を担った。ブラジルのサッカーファンの間で名前が知られるようになったのは2022年1月のことだ。若手選手の登竜門として知られる「コパ・サンパウロ・ジュニオレス」の準々決勝で、ペナルティーエリア外からのバイシクルキックを決めて一躍話題を集めた。15歳ながら、大会ではチーム最多の6得点をあげて優勝の立役者となり、MVPを獲得した。

16歳の誕生日を迎えた22年7月にプロ契約を結ぶ。3年契約で、契約期間内に他クラブが獲得するための違約金は6000万ユーロと報じられていた。契約日には「多くのスター選手がいるチームでプレーするのは簡単ではない。彼らから学んでいきたい」と謙虚に話していたのが印象に残っている。

10月には同チームでは歴代最年少でリーグ戦へのデビューを果たすと、このシーズンは7試合に出場して3得点という一定の結果を残した。ブラジル代表のストライカーとして一時代を築いたロナウドは「若いけれども、信じられないくらいの才能がある。W杯（カタール大会）のメンバーに選出すべきだった」と話した。ロナウドの発言の直後、22年11月8日にサンパウロ市内のパルメイラス練習場でインタビューした。

――元ブラジル代表FWのロナウドがあなたを22年11月20日に開幕するW杯のメンバーに選ぶべきだったと話しました。

「ロナウドのプレーはビデオでたくさんみてきた。彼がそのように話してくれたのはうれしく、感謝したい。W杯でのプレーは夢だ。このままキャリアを積み重ねて（4年後の大会には）選出されるようになっていたいし、サポーターに喜んでもらうプレーをしたい」

――リーグ戦での結果をどう評価していますか。

「アベル・フェレイラ監督にチャンスをもらえて、非常にうれしく思う。もっと試合に出場できれば、得点も重ねることが可能だ。来年はもっと良いシーズンにできると思う。トップチームの同僚からは多くの助言を受けており、感謝している。ユースでともにプレーしていた若い選手も多い。共に成長して、多くのタイトルを獲得できるようにしていきたい」

――自分の特長をどのように考えていますか。

「決して諦めないで動き続けて、いつも得点することを考えている。チームが一体となって動き、勝利をつかむことが最も大切だ。自分のパフォーマンスはその後だ。もちろん得点をとるのは大好きだけど」

――目標にしている選手は誰ですか。

「（ポルトガル代表FWの）クリスティアーノ・ロナウドに憧れているといつも話してきた。後は（ノルウェー代表FWの）ハーランドだ。でも誰かのようになるのではなく、エンドリッキとして認識されたいと思っている。好きなチームはパルメイラスだけだ」

――18歳になる24年7月には外国への移籍が可能になります。

「どこに向かうかは神様だけが知っていて、僕は分からない。いまはパルメイラスでプレーに集中している。2年後のことは考えていない」

——日本代表や日本についてどんな印象がありますか。

「育成年代の試合で遠征して、優勝もした。組織だった国で、きれいで、礼儀正しい人々の印象がある。再び訪れたい。日本の試合の映像を見ることはあまりないが、ビデオゲームに出てくる選手の名前は何人も知っている。中田（英寿）とか、香川（真司）とか」

このインタビューからわずか1カ月後の12月15日、スペインの強豪レアル・マドリードへの移籍合意が発表となった。推定移籍金は7200万ユーロと報じられている。インタビュー当時はすでにレアルへの移籍が取り沙汰されており、当然交渉は進んでいたはずだが、私の質問には直接答えない優等生の対応だった。FIFAの規定では18歳未満の国際移籍が原則禁止されているため、18歳になった2年後の24年7月まではパルメイラスでプレーして経験を積んで、タイトルを積み上げた。スペイン1部リーグでのデビュー戦は24年8月25日のホーム開幕戦だった。86分に投入されると、右足で低く鋭いシュートを決めた。18歳35日での得点はクラブの外国人選手としては史上最年少だった。エンドリッキは試合後に「夢がかなった」と喜んだ。

ブラジルのスタープレーヤーというと、ネイマールやロナウジーニョのようにパーティー好きのイメージがある。エンドリッキは「パーティーは嫌い」と発言したことがある。さらには「英語、スペイン語、フランス語、イタリア語を学びたい。手話も覚えたい。僕のことを知り、話したいと思っている人々とコミュニケーションしたい」とも述べている。ピッチの中でも、外でも高みを目指す「至宝」の欧州での挑戦の行方が楽しみだ。

# おわりに

本書の冒頭に「ブラジルは大きな国だ」と書いた。国土の広さと人口の多さは物理的な側面だが、目には見えない部分での大きさもある。それは国民性だ。とにかくおおらかで、懐が深いのだ。余裕があるとも言い換えることができると思う。これは老若男女、地域や社会階層を問わず共通している。

日本人の私からみると、ブラジル人は時間にルーズだし、行政の様々な手続きは一筋縄ではいかない。こちらの思い通りに進まずイライラすることも多い。ただ困難が起きた時には誰かが助けてくれる。例えば首都ブラジリア。議会や官庁でアポイントを取っていても、迷路のようで特定の部屋にどのように行けばよいのかがまったく分からない。すると受付にいた人が目当ての人のところに案内するために一緒に来てくれる。

「結果オーライ」という出来事には何度も遭遇してきた。２０１４年のサッカーワールドカップ（W杯）の時も、16年のリオデジャネイロ夏季五輪の時も、開幕当日でさえ、競技場には工事の道具が至る所に放置されていた。取材者としては、係員に尋ねてもらちがあかず、問題は毎日のように起きていた。それでも両大会とも大きな事故は起きなかった。ボランティアとして働いていた人々に尋ねても、こちらが求めるような答えを持っていることはほとんどないが、見捨てることは決してなく、一生懸命助けようとしてくれるのだ。時間はかかってもいつの間にか問題は解決している。ふと相手をみると、とびきりの笑顔を浮かべている。このギャップがブラジルの魅力なのだと感じる。

ブラジルの挨拶は「Tudo bem?」から始まる。文字通り訳すと「すべて順調ですか?」という意味で、「調子はどう」「元気」というニュアンスで使われている。プロレスラーのアントニオ猪木は「元気ですかーっ! 元気があれば何でもできる」というフレーズで知られた。猪木は青年期に移民としてブラジルに渡り、農場で過酷な経験をした。日本では職場で「お疲れ様です」という言葉がよく使われる。もちろん気遣いの文化なのだが、ブラジル流は前向きになれる。

日本からみると、ブラジルは地球の反対側にある。遠いからこそ、ブラジルに住んでいると異なった風景がみえる。大西洋をまたげば、元々の移民の送り出し元であり、宗主国でもあった欧州やアフリカと近く、北上すれば米国と対峙する。いくら日本からの移民の子孫が多いといっても、アジアとの距離は遠く感じる。

この物理的な距離を縮めることはできないが、日本の個人、企業、政府の行動次第ではより近い関係の国にすることは可能だと思っている。外交、産業や農業でもブラジルは国際社会で重要な役割を果たしている。日本の経済安全保障の環境をより良くするために不可欠な国だ。日本から距離を縮める努力をすべきであり、両国の関係がさらに進展することを願いたい。

2002年の日本経済新聞社入社以来、国内外のすべての取材先に様々なことを教えていただいた。会社の上司には挑戦する機会を頂き、同僚には取材や編集で様々な支援を受けた。サンパウロ支局の上原洋子さん、高橋リリアンさんの手助けなしには、充実した駐在生活をおくることはできなかった。平凡社編集部の安藤優花さんは企画を受け入れてくださり、丁寧に伴走いただいた。お世話になった全ての方に心より感謝を申し上げたい。

自分の人生で想像もしなかっただろうサンパウロで7年半も共に過ごしてくれた妻の稔子、多くのブラジル人の親友がいる長男の英洋、東京から物心両面で支えてくれた我々夫婦の両親にも御礼を伝えたい。

2024年8月

宮本英威

【著者】

宮本英威（みやもと ひでたけ）

東京都出身。慶應義塾大学法学部政治学科卒業。米ブラウン大学、メキシコ国立自治大学に留学。2002年に日本経済新聞社入社。経済部、長野支局、証券部、国際部を経て、ブラジルとメキシコに計9年間駐在。24年4月から政策報道ユニット経済・社会保障グループに在籍。

平凡社新書1068

ブラジルが世界を動かす

南米の経済大国はいま

発行日――2024年10月17日 初版第1刷

著者――宮本英威

発行者――下中順平

発行所――株式会社平凡社

〒101-0051 東京都千代田区神田神保町3-29

電話 (03) 3230-6573［営業］

ホームページ https://www.heibonsha.co.jp/

印刷・製本―株式会社東京印書館

装幀――菊地信義



ISBN978-4-582-86068-9